afgeschreven

Van Robert Vuijsje verscheen eerder:

Alleen maar nette mensen (2008)

Robert Vuijsje

In het wild

Nijgh & Van Ditmar
Amsterdam 2011

www.nijghenvanditmar.nl

Omslag Monique Gelissen
Omslagbeeld Keke Keukelaar
Foto achterplat Guus Dubbelman
Typografie Zeno
NUR 301 / ISBN 978 90 388 9431 7

Bestseller

Wat er dus gebeurt wanneer je debuutroman een zogenaamde bestseller wordt.

Je wordt naar aanleiding van de inhoud van de roman door witte mevrouwen beschuldigd van discriminatie van blanke mensen. Zwarte mevrouwen beschuldigden je van het schrijven van een boek tegen zwarte mensen. Andere zwarte mevrouwen vereenzelvigen de voorkeur van de hoofdrolspeler uit het boek met jouw eigen voorkeur. Ze benaderen je via internet met de volgende boodschap: 'Ik heb een hele mooie dikke bil. Als je mijn bil hebt gezien, wil je nooit meer een andere.' Helaas kun je op die verzoeken niet ingaan. Je hebt al verkering met een mevrouw die de mooiste bil aller tijden heeft.

Je moet voor het eerst in je leven 'dealen', zoals dat tegenwoordig heet, met mensen die jaloers op je zijn en meningen over je hebben. Voordat je een zogenaamde bestseller schreef, was er niets in jouw professionele leven waar iemand jaloers op zou zijn en bestonden er geen meningen over je.

Je bent te laat voor een directe uitzending op Radio 1 bij Arie Boomsma en Tijs van den Brink en rijdt onderweg je oude Chrysler in de prak. Een week later koop je een Cadillac Seville. Je besluit dat je vanaf nu een Cadillacrijder bent. Al kan het ook dat je volgend jaar weer een fietsenrijder bent, je weet nooit hoe het loopt.

Je wordt 'geconfronteerd' door kennissen en familieleden. Als ze zichzelf herkennen in een personage uit de roman zijn ze boos. Ze vragen waarom je ze zo belachelijk moest maken. Als ze zich niet herkennen in een personage uit de roman zijn ze nog veel bozer. Ze vragen: waarom sta ik niet in dat boekje van je, ben ik niet interessant genoeg?

Je wilde je hele leven al een debuutroman schrijven die, als het even kon, een zogenaamde bestseller zou worden. Het was een soort 'doel' waar je 'naartoe werkte'. Nu dat doel is bereikt, sta je anders in het leven. Alleen kun je niet onder woorden brengen hoe je precies anders in het leven staat.

Je bent iemand die van nature, laten we zeggen, 'verlegen' is. Je bent niet de man die overal waar hij binnenkomt direct het hoogste woord voert. Je bent meer de man die rustig rondkijkt en er daarna iets over gaat opschrijven. Als schrijver van een zogenaamde bestseller word je ineens geacht goed uit je woorden te komen in aanwezigheid van grote groepen mensen en televisiecamera's en radiomicrofoons. Het is een hele belevenis.

En je wordt gevraagd gedurende een jaar een column te schrijven.

In dit boek wordt een jaar uit mijn leven beschreven, afgewisseld door ontmoetingen die ik had met beroemde en minder beroemde mensen.

Tussen de columns en ontmoetingen staan twee lezingen en twee korte fictieve verhalen. Het eerste fictieve verhaal is een op de Bijbel geïnspireerde vertelling. Het tweede is een kort verhaal dat zich – voor de allerlaatste keer, hierna houden we erover op – afspeelt in zowel Amsterdam Oud-Zuid als Amsterdam Zuidoost.

Behalve de twee korte verhalen is alles waargebeurd.

Mossels

Voor de deur van de Western-Unionwinkel aan de Bijlmerdreef stonden twee jongens met trainingspakken aan. De mevrouw die binnen achter de balie zat vonden ze allebei kapot lekker. Ze zouden kapot graag een keer met haar uit willen. Ook was haar bil zeker niet te klein en over de rondheid ervan viel niets te klagen.

De mevrouw die binnen zat was zwart, net als de jongens voor de deur, maar het leek alsof er bij haar nog iets Aziatisch doorheen zat gemengd. Dat maakte haar zo kapot bijzonder.

Naast de Western Union zit de UNIC Multi-Services, het internetcafé van waaruit iedere dinsdag en donderdag de 'cargo leaves for Nigeria'. Aan de andere kant van de Bijlmerdreef bevindt zich een winkelcentrumpje genaamd Ganzenpoort, naast metrostation Ganzenhoef.

Ganzenpoort hoort bij het mooie nieuwe gedeelte van Amsterdam Zuidoost, gebouwd met lichtbruine bakstenen. In Ganzenpoort zitten naast elkaar op een rij: Café 't Pleintje, Toko Wong de Oosterse Speciaalzaak, Islamitische Slagerij Joma en de African Fish & Chicken Shop. Op niet veel plekken in de wereld, behalve misschien in Rotterdam, zal deze variëteit aan winkels naast elkaar te vinden zijn.

Goed. Bij de balie van de Western Union stond een derde jongen. Hij noemde de Afro-Aziatische mevrouw schatje en vroeg wanneer hij haar telefoonnummer zou krijgen.

Hoe het dus werkt. Wanneer je bij Western Union geld wilt versturen – en het gaat hier niet om geld dat via een bankrekening naar het buitenland wordt gestuurd, maar om *cash money* – moet eerst een formulier worden ingevuld met de namen van de afzender en de ontvanger. Daarna krijgt de afzender een code waarmee de ontvanger, waar ook ter wereld, het geld kan ophalen bij een Western-Unionvestiging.

Soms weten de vrouwen, of mannen, die achter de balie zitten het niet zeker: had deze klant het geld al overhandigd? Na vijf minuten van ja schatje, nee baby, wat zie je er toch mooi uit, kan het gesprek weleens zo geanimeerd en vriendschappelijk zijn dat de transactie is afgerond zonder dat wordt gedacht aan zoiets triviaals als geld incasseren.

In een andere vestiging is het laatst gelukt om vijfduizend euro naar Irak te sturen zonder te betalen. De jonge mevrouw die zo werd afgeleid door de Irakese charmes dat ze het geld was vergeten, moest van haar baas langs het Nederlandse adres dat haar klant had opgegeven. Het huisnummer bestond niet en de vijfduizend euro kwam nooit meer terug.

Voor de deur van de Western Union draaide de ene jongen zich om. Hij liet zijn nek zien. De jongen in het zwarte trainingspak had een nieuwe tattoo laten zetten. Chinese tekens in zijn nek en zijn geboortedatum in Romeinse cijfers op zijn rug.

De jongen in het blauwe trainingspak kon geen tattoos nemen. Daarvoor groeiden zijn mossels te snel. Het ging hier niet om het schelpdier maar om het Engelse woord voor spieren.

Zijn mossels groeiden zo snel dat wanneer hij een tattoo op zijn arm zette, dan zou de arm op die plek uit elkaar knallen. De tattoo zou niet bestand zijn tegen zijn expanderende spieren.

De jongen in het zwarte trainingspak begreep het. Het was een serieuze zaak. Tattoos en snel groeiende mossels waren een explosieve combinatie.

De Nederlandse 50 Cent

Zomaar een monoloog uit de mond van Eugene Voorn, ook wel bekend als SugaCane: 'Dit land is zo vies, de geschiedenis is zo smerig. En maar schijnheilig doen. Apartheid is toch echt een Nederlands woord. Weet je wat het ergste is? Sinterklaas. Ik snap niet dat Nederland het blijft vieren. Hebben ze geen geweten? Mohammed B. vermoordde Theo van Gogh, moet er met Sinterklaas iets gebeuren voor ze het begrijpen? Moet hij aankomen met de stoomboot en recht door z'n kop worden geschoten, met al die fokking kleine kinderen erbij? Sinterklaas en z'n knechten. De Zwarte Pieten, met dikke rooie lippen en grote gouden oorbellen. Slaven moesten ook banden dragen, maar dan van koper. Net als die oorbellen. Zwarte Piet is niet zwart omdat hij door de schoorsteen komt. De apenspelletjes die Zwarte Pieten moeten opvoeren, gek doen en al die dansjes – dat moesten slaven ook. De Hoofdpiet? Die had je bij de slaven ook. Een slaaf die de baas moest spelen over de andere slaven. Sinterklaas is vernederend. Zolang er Zwarte Pieten zijn, en zolang ik de achternaam heb van een slavenhouder in Suriname, blijft slavernij in Nederland bestaan. Het is onacceptabel.'

Sommige artiesten zijn alleen beroemd om hun muziek. SugaCane is ook beroemd om zijn auto. Hij scoorde twee hits, 'Let 'em Know' en 'You Can't Fool Mine', stond in de voorprogramma's van Snoop Dogg, Wu-Tang Clan en Redman, en beschouwt zichzelf als een underground-rapper.

De auto is zijn visitekaartje. 'Het is een weerspiegeling van mijn status, het vertaalt waar ik sta.' In de muziek-branche waar SugaCane in zit is het belangrijk om geloof-waardig te zijn.

In de zwarte Cadillac Escalade, met zilveren 22-inch-velgen, rijdt Cane, zoals hij zichzelf noemt, door 'zijn' buurt in Amsterdam. Dat gebeurt met een zwarte zonne-bril op, alle ramen open en de muziek op een loeihard vo-lume. Sommige artiesten spreken voor een interview af in een horecagelegenheid. Cane spreekt af voor de deur van McDonald's en zegt: 'Laten we in mijn auto zitten.'

Het is het Escalademodel van 2007. 'Maar ik reed hem al in 2006.' Zijn eerste auto was een Lexus IS200. Cane zegt dat hij de derde automobilist in Nederland was met een Lexus. Daarna maakte hij een grote stap: zijn eerste Escalade, met spinnende velgen. Toen kwam de Hum-mer, 24-inch-velgen, het was meer velg dan band, en Lam-borghinideuren die hij erin liet zetten. De Hummer reed te blokkerig, je voelde ieder hobbeltje op de weg. Hij nam weer een Escalade.

De bron van het geld waarmee de auto's werden be-taald ligt in de jonge jaren van Cane. 'Amerikaanse rap-pers willen platina gaan met hun muziek. Dan kunnen ze alles kopen wat ze willen: auto's, huizen, kleren. Wat die rappers uit Amerika hebben als ze platina gaan, dat geld had ik al voor mijn eerste plaat uitkwam. Dat is mijn *claim to fame*. Mijn leven vertaal ik naar mijn muziek. Ik breng MTV *Cribs* naar Nederland – als enige. Ze noemen me de Nederlandse 50 Cent. De rappende Holleeder, zeggen ze ook wel. Wat iemand anders crimineel gedrag noemt, hoeft dat voor mij niet te zijn. Als jij mijn voorouders hebt vermoord en verkracht, wil jij mij dan vertellen wat ik moet doen?'

Het is elf uur 's ochtends. In de buurt van Cane klinken politiesirenes. Om de hoek, in een reisbureau op de Van Woustraat, is zojuist een overval gepleegd. De buurt van Cane is het gedeelte rond de Van Woustraat dat de Diamantbuurt wordt genoemd.

'Ik groeide op in een tijd dat Snickers nog rood was.' Hij werd geboren in 1973. 'M&M's bestond niet, dat was Treets. Twix heette Raider. James Brown die zong: *Say it Loud – I'm Black and I'm Proud*, dat is waar ik vandaan kom. Mijn vader was Surinaams, mijn moeder Hollands. Die mix kwam veel voor. Nederlandse vrouwen vonden die donkere mannen natuurlijk spannend. Wij waren vlotter – in lopen, in dansen, in praten. Het was een tijd waarin ik nog niet geconfronteerd werd met hoe lelijk de wereld is. Het was een tijd dat Surinamers eenheid hadden met elkaar. In de buurt woonden bijna alleen maar Surinaamse gezinnen. In de jaren tachtig kwam de Mokro-invasion.'

Zomaar een monoloog (2): 'Ik word schijtziek van Surinaamse vrouwen die zich drukker maken om hun haar dan om of ze een goeie vrouw voor hun kerel zijn. Ik word schijtziek van Marokkanen die neerkijken op negers, terwijl ze hun best doen om er ook een te zijn. Ze noemen ons apen, maar als jij een aap na-aapt, wie is er dan de grootste aap? Ze halen eten bij de Surinaamse toko omdat het halal is, ze gebruiken meer Surinaamse woorden dan ik, ze proberen zich te kleden als een neger en ze houden meer van Tupac dan ik. Opeens moeten ze ook rappen. Jullie vrouwen gaan met Surinaamse jongens, maar jij bent geen neger, vriend.'

Als Cane de sirenes van de overval hoort, weet hij direct welke jongens het hebben gedaan. Daarvoor hoeft hij echt niet bij het reisbureau te gaan kijken. 'Je wilt op je tellen passen en beleefd zijn, maar je hoeft niet meer te gokken. Je weet dat het Marokkanen zijn. De buurt is verder schoon. Het maakt mij niet uit dat ze het doen, dat moet je zelf weten, maar waarom iedere keer hier? Ga het ergens anders doen. Ik haat dit land, maar ik hou van mijn buurt.'

Het probleem van Cane is dus dat een neger in een auto van meer dan 100000 euro iedere dag door de politie wordt aangehouden.

Een monoloog (3): 'In Amerika trapt een jongen van achttien al een Escalade, dat is daar normaal. Hier is het zo: als ik mijn auto lekker heb opgepoetst, is er niemand op straat die niet naar me omkijkt. Ze rennen door het verkeer om naar binnen te kijken, ze maken foto's, ze vragen of ze een stukje mogen meerijden. Dit soort auto's zie je hier niet. Alleen op MTV. Ik wil laten zien dat het mogelijk is, dat je kunt worden wat je wilt. De overheid wil niet dat ik dat laat zien. Mensen als ik moeten laag worden gehouden. Het systeem is zo ontworpen dat allochtonen er niet bovenuit mogen steken. Er is geen dag dat de politie me niet aanhoudt. Als ze willen denken dat ik een drugsdealer ben – dat mag, maar denk je echt dat ik dan zo'n mongool zou zijn dat ik hierin ga rijden? Agenten houden me aan en vragen of ze er even in mogen zitten, ze verneuken mijn tijd. Deze auto is voor blanke mensen God, omdat ze hem nooit kunnen betalen. Ze begrijpen niet hoe een neger met een petje dat wel kan. Daar komt irritatie van, en jaloezie. Een agentje verdient in een maand 1100 euro. Dat is wat ik in een week aan benzine kwijt ben. Ze hielden me een keer op één dag drie keer aan. De laatste keer weigerde ik. Die motoragent zei dat ik hem moest volgen. Dus ik volgen. Ik rij hem aan, die hele motor valt om. Ik stap uit en zeg: kijk wat je met m'n auto hebt gedaan. Een Surinamer van Parkeerbeheer reed een keer voorbij. Toen hij mijn Hummer geparkeerd zag staan, scheurde hij achteruit. Dat vind ik het ergste: dat iemand van je eigen volk je een bon geeft. Dat kán niet. Ik zeg: als jij mij die bon geeft, schop ik je zo de kankerpestpleuris dat je drie dagen niet wakker wordt.'

Vorig jaar speelde Cane in de film *Bolletjesblues* een gangster. Toen zijn vrienden de film zagen, zeiden ze dat hij eigenlijk zichzelf speelde. Het ging over zwarte mensen in Amsterdam Zuidoost. De film was gemaakt door een paar Hollandse vrouwen. Het resultaat was zo slecht dat Cane niet naar de première ging. 'Je kunt wel denken: ik heb een Surinaamse man, die heeft me geleerd hoe ik bruine bonen moet koken, maar zo werkt het niet. Je kunt zwarte peper door de bruine bonen gooien, maar dat betekent niet dat je het snapt. Je hebt de hand niet, vriend.'

Een monoloog (4): 'Die reclame van BelCompany met Marco Borsato en Snoop Dogg, daar had ík moeten staan. Ik snap wat zijn cultuur is. Jij zegt dat de grap juist was dat Borsato die cultuur niet snapte. Voor ons is het geen grap. Die cultuur, dat is ons leven. Dit is gewoon een rotland. Gordon en Frans Bauer en dat soort gassies worden gepromoot op de televisie, maar wij niet. We worden genegeerd, alsof we niet bij de bevolking horen. Alsof wij geen markt hebben. Hiphop is de best verkopende muziekvorm, maar bij de platenmaatschappijen in Hilversum werkt niet één zwarte persoon. Het zijn gepromoveerde groupies, een stelletje lompe boeren. We hebben geen radiostation, niet eens een tv-programma. Op de radio moet Niels Hoogland over deze muziek praten. Niels Hoogland is een homofiel, hoe moet hij hiphop snappen? Als ik een Amerikaanse rapper op mijn cd wil krijgen, heb ik niet meer nodig dan tweeduizend dollar en een zak wiet. Ik spreek de taal. Als een blanke platenman het wil, moet hij 80000 dollar betalen. Ze spreken de taal niet, ze zijn blank. Op de televisie zie je op ieder kanaal blond haar met blauwe ogen. Die wijven zijn niet eens meer in de mode. Blond, dom en zonder bil – wie wil er nou zo'n vrouw? De hiphopscene is niet meer wat het geweest is. Te veel blanke invloeden, het is verneukt. Het is als een nasimix in de supermarkt, het is niet echt. Je moet vérs snijden. In de videoclip van 'Who's That Nigguh' verbrandde ik een foto van Lange Frans waarop hij verkleed stond als Pim Fortuyn. Wat betekent Pim Fortuyn voor allochtonen? Hoe kan ik iemand respecteren die zich zo profileert? Lange Frans, de nieuwe neger, die denkt dat hiphop uit Diemen-Zuid komt. Zij zijn alles wat niet hiphop is. Ze spelen met woordjes, ze dragen colbertjes. Ze zijn blank.'

Een dialoog.

Ben je een boze neger? 'Ik ben een wereldburger, ik laat me niet categoriseren.'

Wat als iemand zegt dat jij een *pimp* bent? 'Dan zeg ik: bedankt voor het compliment.'

Is het jouw professie? 'Nee man. Ik had veel vrouwen om me heen. Je weet toch, soms komt een vrouw in een situatie dat ze dingen moet doen. Gedwongen prostitutie bestaat niet in Nederland. Die vrouwen zeggen: vandaag ga ik voor die 1500 euro. Ze staan op, ze gaan zich wassen, ze maken zich mooi en ze gaan voor die 1500 euro. Mensen denken het omdat ik altijd wijven om me heen had. Ik ging vaak naar de stad, ik popte champagneflessen open. Chickies vinden dat leuk, en ik was er niet vies van. Daar zat er weleens een tussen die deed wat ze moest doen.'

Waar komt het geld voor die Escalade vandaan? 'Er zijn dingen waar je niet over praat. *The game is to be sold, not to be told.'*

Een monoloog (5): 'Vroeger was ik een schattig klein jongetje met een grote krullenbol. Toen ik ouder werd, kwam ik een keer op straat een vriendin van mijn moeder tegen. Ik groette haar. Ze had me een paar jaar niet gezien, ze herkende me niet. Ze pakte haar tasje vast, ze probeerde te vluchten. Ik legde uit wie ik was. Ze was helemaal opgelucht. Dat was de eerste keer dat ik werd geconfronteerd met vooroordelen tegenover zwarte mensen. Als jongetje was ik niet echt stout. Een beetje fietsen omgooien, belletje trekken, bij meisjes in tietjes en in billetjes knijpen. Ik was het vechtersbaasje, ik wilde me uitsloven voor meisjes. Meer niet. Ik ging als stratenmaker werken, en in de beveiliging. Na mijn eerlijke intenties om vooruit te komen, ontdekte ik dat gelijkheid in Nederland alleen op papier bestaat. Sjakie en Joris hebben misschien vrede met de situatie, zij krijgen kansen. Ik niet.

In 1995 was ik zo teleurgesteld in het systeem dat ik dacht: fok it, ik ga de gewelddadige kant op. Je hebt stropdascriminelen, die denken dat ze hun shit veilig kunnen doen. Ze leenden geld bij mensen op straat en dachten dat ze niet terug hoefden te betalen. Ik ging het dan ophalen. Iedereen in de buurt wist dat ik voor niemand bang ben en dat ik goed kan vechten. Ik deed aan kickboksen. Jullie hebben jullie wetgeving, ik heb mijn eigen wetgeving.

Een paar dingen waren misgegaan, ik had geen huis, ik sliep bij het Leger des Heils. En toen gebeurde er iets. Ik struikelde over m'n geluk, ik dacht: wat is dit nou? Sommige mensen winnen de Staatsloterij, ik won de Straatloterij. Ik vond dat ik ook een normaal leven verdiende, ik kon niet in die Leger-des-Heilssituatie blijven. Ik won de jackpot. Het is niet stoer om te vertellen, het zijn zaken. 50 Cent zegt dat hij geschoten is, dat moet hij weten. Ik vertel het niet. Jij snapt niet wat ik bedoel, maar mensen op straat weten wat ik bedoel met de jackpot. Jij hebt de Kamer van Koophandel, ik heb de Straat van Koophandel.'

De multiculturele samenleving (2)

Voor de lezers die het niet weten, uw columnist schreef een roman: *Alleen maar nette mensen*. Die roman begon met een hoofdstuk dat 'De multiculturele samenleving' heet. Omdat er in de twee jaar nadat het manuscript werd ingeleverd zo veel is gebeurd, bij deze deel twee.

Vast voor de verontwaardigde lezers: nee, deze generalisaties gelden niet voor álle mensen. U bent veel origineler en bijzonderder dan al die andere leden van de groep waar u bij hoort. En ja, het is uw columnist bekend dat 'neger' niet een prettig woord is. Maar het gaat hier om een in directe taal gestelde opsomming van zaken die niet altijd even prettig zijn.

Goed. Daar gaan we.

Amerikanen kiezen een zwarte man als president.

Hollanders stemmen op een partij die het liefste eerst alle Marokkanen het land uit wil zetten en dan de Antillianen en daarna misschien de rest van de mensen die ze allochtonen noemen.

Joden zijn altijd rijk. Als ze een keer niet rijk zijn, maar het plotseling worden, bijvoorbeeld door een zogenaamde bestseller te schrijven, kopen ze een Cadillac die zo veel benzine gebruikt dat ze al hun geld direct over de balk smijten.

Indo's waren jaren weg maar ze maken hun comeback in de multiculturele samenleving. Geert Wilders blijkt een Indo te zijn. De reden dat hij zijn haar zo blond verft is dat niemand zo ziet dat hij een Indo is.

Hollanders nodigen na het overlijden van Michael Jackson uitsluitend andere Hollanders uit om op de televisie te praten over zijn betekenis voor de zwarte muziek. Negers worden uitgenodigd om te zingen of een dansje te doen, maar niet om te praten.

Marokkanen, negers en joden bieden tegen elkaar op. Marokkanen zeggen: wij worden gediscrimineerd, onze jongens krijgen nergens een baan. Negers zeggen: maar wij hadden de slavernij, dat was veel erger. Joden zeggen: maar wij hadden de Tweede Wereldoorlog, dat was nog veel erger. Marokkanen zeggen: maar wij worden nú gediscrimineerd, die dingen van jullie waren vroeger, dan telt het niet.

Surinamers zijn jaloers op Marokkanen omdat die het monopolie op gediscrimineerd worden van ze hebben afgepakt. Nu Surinamers geïntegreerde Nederlanders zijn geworden hebben ze niets meer.

Antillianen zijn niet jaloers op Marokkanen. Daarvoor voelen ze zich niet betrokken genoeg bij Nederland.

Polen worden de nieuwe Marokkanen. Als het niet de Polen zijn, dan worden het de Bulgaren of de Roemenen. Over tien jaar zullen Marokkanen jaloers zijn op Polen omdat die het monopolie op gediscrimineerd worden van ze hebben afgepakt.

Over één ding zijn Surinamers en Antillianen het eens: het is schandalig dat een Marokkaan burgemeester is geworden van de Surinaamse en Antilliaanse hoofdstad van Nederland.

Boom hair

In de woonkamer staan twee televisies aan. De grote, een zwarte Samsung van een meter lang, staat zonder geluid op Wedding TV, een Engels kabelkanaal dat alleen maar over bruiloften gaat. De kleine staat op de grond, met geluid aan, op CNN. Dan is er in de hoek nog de computer. Die staat het allerhardste. Een radiostation van Ghanaweb, met Afrikaanse muziek en opgewonden stemmen die Twi spreken, de taal van de Ashanti-stam.

De woonkamer bevindt zich in het deel van Amsterdam Zuidoost dat Venserpolder heet. Het is om de hoek van de Dostojevskisingel. Verder zijn er twee zwarte leren banken, een glazen kast met lege flessen Courvoisier en een mobiele telefoon in een leeg longdrinkglas. Naast de kast staat als pronkstuk een drieliterfles Absolut. Een drieliterfles is behoorlijk groot. Een paar maanden geleden stond de hele woonkamer vol fietsen. Het zou kunnen dat die nu naar Ghana zijn verscheept.

De vrouw des huizes, laten we haar Gloria noemen, werkt een paar keer per week als kapster. Haar klant, laten we haar Lynn noemen, showt het haar dat ze heeft meegenomen. In lange doorzichtige plastic zakken zitten vele bossen haar. Ze zijn van de Ashana Hair Collection. De Naturally You-lijn, die non-flammable is, en dan het type Nurul Curl.

Gloria weet niet zeker waarom het altijd Afrikaanse vrouwen zijn die aan huis haar invlechten. Bijna al haar klanten zijn zwarte vrouwen. Ze heeft ook weleens haar ingevlochten voor blanke vrouwen. Meestal waren dat vrouwen die een zwarte man hadden. 'Ze wilden ook rastahaar hebben,' zegt Gloria.

Het is moeilijker om vlechten aan blank haar te knopen, dat is fijner en minder stevig dan kroeshaar. Soms worden de blanke vrouwen helemaal rood in hun gezicht. Dan zit het haar te strak vastgeknoopt.

'Waarom wil je altijd zo veel haar?' roept Gloria tegen Lynn. 'Het is te zwaar, je hoofd kan het niet dragen.'

Lynn heeft andere zaken om zich druk over te maken. Haar verkering, die op een van de zwarte banken zit, zal zo direct, wanneer zij de doek om haar hoofd afdoet, voor het eerst zien hoe ze eruitziet zonder ingevlochten haar. Ze aarzelt even en dan haalt ze, alsof het een striptease is – tadaa! – de doek van haar hoofd. Onder de doek zat een kort afrokapsel verborgen. Ook zonder ingevlochten haar ziet Lynn er mooi uit. Maar met ingevlochten haar is ze nog mooier.

Lynn gaat op een kussen zitten, op de grond voor de stoel van Gloria. Het begint onderaan, bij haar nek. Gloria knoopt de vlechten, twee per keer, met razendsnelle vingers aan het echte haar van Lynn. Met een aansteker brandt ze het vast, zo laat het niet los. Bij elkaar duurt het ongeveer een minuut. Het gaat om misschien wel vijfhonderd vlechten.

Een uur of drie uur later, hij ging even op en neer naar huis, is Lynns verkering weer in de woonkamer om de hoek van de Dostojevskisingel. Twee straten verder zijn de Charlotte Brontëstraat en de Dickenslaan.

Gloria is trots op haar werk. Ze zegt: 'Lynn heeft haar *boom hair* weer terug.'

In de leeuwenkuil

(Een moderne Bijbelvertelling)

Voor alles moet een eerste keer zijn. Dat was hoe Daniël het voor zichzelf goedpraatte. Het was heus niet het zieligste wat hij ooit had gedaan, in zijn eentje een fles champagne openmaken.

Waarom zou het een treurige activiteit zijn: één flute uit de kast pakken, uit een setje van twee dat Daniël ooit cadeau had gekregen – hij voelde niet eerder de noodzaak om ze uit de verpakking te halen – daarna het folie van de fles losmaken, de kurk met een feestelijke plop eraf knallen, één glas inschenken, de fles op tafel zetten en, zonder te proosten of het glas tegen andere glazen aan te klinken, een slok champagne nemen.

Het was iets wat je één keer in je leven moest doen, zei hij. Daniël merkte dat hij hardop tegen zichzelf praatte. Dat deed hij de laatste dagen wel vaker. Alleen keek hij nu toevallig in de spiegel terwijl hij het deed. In de spiegel zag Daniël een man die in een vrij kale kamer tegen zichzelf stond te praten, met in zijn hand een halfleeg glas champagne.

Voor alles moet een eerste keer zijn, zei hij hardop tegen zichzelf. Zoals andere mensen uit een vliegtuig wilden springen en pas op het allerlaatste moment de parachute opendoen, zo vond Daniël het vernieuwend om in zijn eentje een fles champagne open te maken. Hij had iets te vieren. Of juist niet. Daar was hij nog niet uit. De laatste paar dagen waren een zogenaamde *emotional rollercoaster* die nog niet was gestopt.

Later bedacht Daniël dat hij natuurlijk een piccolo had moeten nemen, in plaats van een hele fles champagne. Dit was zonde. Hij woonde alleen, hoe moest hij die fles leeg krijgen voordat de bubbels eruit waren?

Daniël was niet iemand die flessen champagne in huis had. Hij had in het algemeen niet veel in huis. De laatste keer dat bij hem alcohol werd geschonken, was een paar weken eerder. Daniël kreeg bezoek van Lukas. Vroeger ging Daniël met Lukas naar discotheken, op zoek naar vrouwen. Daar deed Daniël niet meer aan.

Vijf jaar eerder.

Daniël kwam op bezoek in de stacaravan die Lukas tijdelijk bewoonde. Lukas had net in zijn eentje een fles whisky leeggedronken en zei dat ze naar het ziekenhuis moesten. Lukas dacht dat hij doodging.

Bij de Eerste Hulp duurde het zo lang voor een dokter ze kwam helpen dat Lukas niet ziek meer was. Hij was alleen nog dronken.

De dokter vroeg welke ziekte Lukas had.

Lukas antwoordde: 'All I got in this world, is my word and my balls. And I don't break 'em for nobody.'

De dokter vroeg: 'Wat?'

Lukas zei: 'In this country, you gotta make the money first. Then when you get the money, you get the power. Then when you get the power, you get the women.'

'Wat?' vroeg de dokter weer. 'Waarvoor bent u hier?' De dokter was kennelijk geen grote fan van de film *Scarface*.

Lukas zei even niets. Hij deed zijn best om de dokter indringend aan te kijken, zoals ze dat noemen.

Na een halve minuut zei de dokter: 'Als u niet weet waarom u hier bent, moet ik u vragen om te vertrekken, zodat we andere patiënten kunnen helpen.'

Lukas zei: 'You wanna fuck with me? Okay. You wanna play rough? Okay. Say hello to my little friend.' Hij pakte een denkbeeldig machinegeweer en deed alsof hij begon te schieten, zoals kleuters dat weleens doen.

De dokter liep weg. Een paar minuten later liepen Daniël en Lukas ook maar weg.

Na het *Scarface*-incident hadden Daniël en Lukas elkaar niet meer gezien. Ze spraken alleen over de telefoon. De laatste keer dat ze elkaar over de telefoon hadden gesproken, zei Daniël dat Lukas naar zijn huis moest komen.

Het ging om morgenavond, hij verwachtte Lukas om zes uur. Later die avond moest Daniël ergens heen, hij wilde dat Lukas meeging voor emotionele ondersteuning. Daniël had niemand anders die hij kon vragen om mee te gaan. Hij had wel iemand, maar op deze bijeenkomst kon Daniël niet met haar verschijnen.

Toen hij binnenkwam, probeerde Lukas Daniël te *huggen*, zoals hij vond dat vrienden dat deden. Lukas zette zijn tas met zes blikjes bier erin op de grond en sloeg zijn armen om Daniël heen. Daniël bleef stil staan, met zijn armen naar beneden. Hij wist niet hoe hij moest huggen. Daniël wilde niet huggen.

'Zo,' zei Lukas. Hij keek naar een stapel kranten die voor 'research' middenin de woonkamer op de grond lag. Daniël vond het belangrijk om altijd research te kunnen doen in de kranten van de laatste zes maanden.

Ernaast lag een stapel antieke *Playboys* die Daniël was vergeten op te bergen. De bovenste *Playboy* lag opengeslagen bij een fotoreportage met een Brabantse charmezangeres uit de jaren tachtig. Ook voor 'research'.

Daniël wist dat niet veel mensen *Playboy* nog raadpleegden voor dergelijke research, maar hij vond dat je niet moest doen wat iedereen deed. Het internet gebruikte hij voor meer serieuze zaken.

'Dus hier woon je?' vroeg Lukas. Hij ging zitten op de paarse bank die Daniël tien jaar eerder bij IKEA had gekocht.

Daniël zei ja. Hij sloeg de bovenste *Playboy* dicht.

'Originele inrichting,' zei Lukas. 'Authentiek.'

Daniël had een website. Op die website schreef hij korte verhalen, gedichten, gedachten, zinnen die hij mooi vond. Hij zette er weleens een foto op. Een jaar eerder was hij begonnen met Ochtendmijmeringen.nl. Het was zijn bedoeling dat de bezoekers, Daniël noemde ze lezers, iedere ochtend hun werkdag zouden starten met het bekijken van zijn website.

Overdag noteerde hij zijn ideeën met een pen op een wit vel papier, iedere dag op een nieuw wit vel, en 's nachts werkte hij de ideeën uit en zette ze op de site, zodat de lezers 's ochtends verse Ochtendmijmeringen hadden. Het was zijn levenswerk. Meer dan honderd lezers, maar nooit meer dan tweehonderd, bezochten dagelijks de site. Dat vond Daniël mooi.

Soms schreef hij een feuilleton. Het was een goede methode om de lezers iedere ochtend terug te laten komen. Daniël had geschreven over een waargebeurde episode waarbij zijn auto naar de garage moest. De mannen in de garage maakten grappen over een mevrouw die haar auto kwam brengen. Daniël vond het vulgaire grappen, maar hij wist niet goed hoe hij de mannen moest terechtwijzen. Als hij zou zeggen dat je op die manier niet over een dame spreekt, zou het dan averechts werken of zouden ze naar hem luisteren? En wat was de juiste toon om mannen in een garage toe te spreken? Die dilemma's werden in het feuilleton behandeld.

Ook had hij een week lang geschreven over de kwestie van de döner kebab. Hoe kwam het dat je overal in de stad ineens borden zag met 'döner kebab'? Wat was döner kebab eigenlijk? Wat zat erin? Daniël had het tot de bodem toe uitgezocht.

Zijn meesterwerk was een raamvertelling over de straat waarin hij woonde. In een ensemble, net als in de film, kregen alle buren hun eigen geschiedenis. Na een maand bracht Daniël de verhalen uit het feuilleton bij elkaar. De buren ontmoetten elkaar op een straatbarbecue.

Meneer De Bruin van de overkant, van wie de lezers al drie weken wisten dat hij in het geheim een oogje had op de alleenstaande moeder van nummer 32, was in het bezit gekomen van een grote partij hamlappen, en de ondeugende zoon van de alleenstaande moeder had de fiets gestolen van de oude mevrouw Adelaar, alleen was het voor haar een mysterie waar de fiets was gebleven, maar Henk, de jonge leraar aan het einde van de straat, gaf les op de school van de ondeugende zoon, daar had hij de fiets achter het gymlokaal zien staan – op de barbecue werden ze allemaal samengebracht.

Op een dag besloot Daniël een feuilleton te schrijven over de mensen die in zijn stad woonden. Niet alleen in zijn straat, het werd een feuilleton over uiteenlopende mensen in verschillende delen van de stad.

Daniël wilde iets nieuws proberen om meer lezers naar Ochtendmijmeringen te lokken. Hij wilde het controversiëler aanpakken. 'Spraakmakend' vond hij ook een mooie term. De lezers moesten spreken over wat ze op Ochtendmijmeringen hadden gelezen.

Hoe het was begonnen wist hij niet, maar ergens in de afgelopen jaren had Daniël een liefde ontwikkeld voor vrouwen uit Polen. Eerst was het een liefde op afstand. Daniël zag Poolse vrouwen op de televisie en op plaatjes. Hij had ervoor kunnen kiezen om een reis naar Polen te ondernemen, maar dat vond Daniël te direct. Zo was hij niet.

Ineens waren ze in zijn stad. De meeste Polen die in Daniëls stad kwamen wonen, waren mannen. Sommige mannen hadden hun vrouwen meegenomen. Voor een van die vrouwen had Daniël amoureuze gevoelens gekregen.

Het was begonnen in de rij bij de supermarkt. De Poolse vrouw, ze bleek Pandora te heten, volgens haar was dat een echte Poolse naam, had een miscommunicatie met de caissière. Pandora wilde duidelijk maken dat de melk die ze had gekocht op dat moment in de aanbieding was, maar dat lukte haar niet. De caissière sprak geen Engels. Daniël hielp Pandora met uitleggen.

Pandora was zo langzaam met het inpakken van haar boodschappen dat ze tegelijk met Daniël naar buiten liep. Het regende hard. Ze bleven bij de uitgang van de winkel wachten tot het ophield. Na een kwartier stopte de regen en wist Daniël dat Pandora sinds twee maanden in Nederland woonde, dat haar man Jakob heette, volgens haar ook een typisch Poolse naam, dat ze tien minuten bij Daniël vandaan woonde en dat ze niet gelukkig was met Jakob, hij sloeg haar. Ook had Daniël Pandora's telefoonnummer gekregen. Niet 's avonds bellen en niet tussen de middag.

Na een paar dagen belde Daniël om te vragen hoe het met Pandora ging.

Het ging goed.

Een paar dagen later belde hij weer.

Het ging goed. Alleen had ze ruzie gehad met Jakob.

De dag erna belde Daniël nog een keer.

De ruzie met Jakob was erger geworden. Volgens Pandora was het een goed idee om af te spreken bij het café naast de supermarkt. Dan hoefde ze even niet aan Jakob te denken.

Na twee dagen ontmoetten ze elkaar weer in het café. Een week later kwam Pandora voor het eerst bij Daniël thuis. Ze vond het zo lekker rustig bij Daniël en hij schreeuwde niet tegen haar.

Daniël vond dat Pandora betoverende blauwe ogen had en haar huid was zo mooi wit en ze had zulke bijzondere jukbeenderen, haar benen waren lang en dun en ze was niet zo eigenwijs als Hollandse vrouwen. Pandora vond het leuk om voor hem te koken en ze ruimde graag op bij Daniël thuis.

Pandora kwam uit Szczecin, een havenplaats bij de grens met Duitsland. Het was niet makkelijk om Szczecin uit te spreken zoals ze dat in Polen deden. Iedere keer dat ze elkaar zagen, moest Daniël van Pandora de naam opnieuw zeggen.

Ze nam foto's mee van haar moeder en broers en zussen en Pandora schonk Daniël een cd van de Poolse popgroep Brathanki. Het was muziek zoals hij nooit eerder had gehoord, een combinatie van rock en folk.

Daniël vond het wel jammer dat hij niet kon verstaan waarover ze zongen. Het was ook jammer dat Pandora en hij in het Engels met elkaar moesten praten, soms had hij het gevoel dat ze elkaar niet begrepen.

Daniël belde Lukas. Hij wilde vertellen over zijn vriendschap met Pandora. Over hoe lief Pandora voor hem was, hoe blij hij werd als ze elkaar zagen, hoe interessant het was om haar verhalen over Polen te horen en wist Lukas dat Szczecin bekend stond om het grote aantal bars dat ze er hadden?

Lukas vroeg: 'Wat moet je met zo'n Pool? Het zijn uit-vreters die onze baantjes komen inpikken, dat weet je toch? Gelukkig kom je niet aanzetten met een Bulgaar of een Roemeen. Die zijn nog erger.'

Daniël merkte dat meer mensen zo reageerden wanneer hij vertelde over Pandora. Ze hadden nooit de EU open moeten stellen voor de communisten, nu konden al die mensen die niets te verliezen hadden zomaar hier komen wonen. Oost-Europeanen waren moordenaars en een nog grotere bedreiging voor Nederland dan de Marokkanen.

Het nieuwe feuilleton van Daniël ging over de Oost-Europeanen die in zijn stad woonden, meestal met tien mensen in een huis dat was bedoeld voor één gezin. Ze spraken de taal niet, ze wisten niet hoe Nederland in elkaar zat en hoe ze zich moesten gedragen. Ze wisten alleen dat ze hard moesten werken, van 's ochtends vroeg tot 's avonds laat.

Vooral ging het feuilleton over hoe Nederlanders reageerden op hun nieuwe buren. In hun gezicht zeiden ze niets, maar als ze er niet bij waren – in het feuilleton viel de ene krachtterm na de andere. En het ging over een verboden en onmogelijke liefde tussen een Hollandse man en een Poolse vrouw die met haar echtgenoot naar Nederland was gekomen.

Op de website discussieerden de lezers van Ochtendmijmeringen over het feuilleton. Was het echt zo erg? Spraken Hollanders op deze toon over nieuwe buren? Was de liefde tussen een Hollandse man en een Poolse vrouw onmogelijk of hadden ze samen een toekomst? En zo voort en zo verder.

Na een paar weken stopte de discussie. De meer dan

honderd dagelijkse lezers waren uitgepraat over het feuilleton van de nieuwe buren.

Zes maanden gingen voorbij.

In de stad van Daniël woonde een opiniemaker genaamd Darius. Darius organiseerde discussieavonden in een voormalig magazijn. Bij Darius hadden zich Polen gemeld die het een schande vonden hoe over hen werd gesproken in de Ochtendmijmeringen van zes maanden eerder. Het feuilleton van Daniël was discriminerend, racistisch en bovendien seksistisch. Waarom werd er door Daniël zo slecht gesproken over Polen? En hoe durfde hij te schrijven over een romance tussen een Hollandse man en een Poolse vrouw?

Darius belde Daniël en vertelde hem over de boze Polen.

Eerst dacht Daniël dat Darius een grapje maakte.

Hij vroeg: 'Meent u dit serieus?'

Darius zei dat het geen grapje was. Hij had zijn vrienden van de media ingelicht. Die vonden de boze Polen een spannend onderwerp. Darius nodigde Daniël uit om in zijn magazijn in discussie te gaan met de Polen.

Daniëls feuilleton werd landelijk besproken. De ene krant schreef dat Daniël zijn vinger op de zere plek had gelegd. Daniël was een scherpe sociale observator. De andere krant schreef dat Daniël met zijn feuilleton voor racisme en onrecht zorgde. Allerlei mensen hadden meningen over Daniël. Hij had geen keuze, Daniël moest wel in debat.

Lukas had nog een vraag over het interieur van Daniël. Hij wees naar een foto die met punaises aan de muur hing. Het was een foto van het ouderlijk huis van Pandora.

Lukas vroeg: 'Wat is dat voor krot?'

'We moeten zo gaan,' zei Daniël. 'Anders komen we te laat bij het debat.'

De emotionele ondersteuning van Lukas had er tot dan toe uit bestaan dat hij nog een keer had geprobeerd om Daniël te huggen.

'Oké, we gaan,' zei Lukas. Hij zette zijn blikje bier op tafel. Van de zes had hij er vier leeggedronken. De andere twee stonden in de koelkast. 'Ik moet alleen nog even naar het urinoir.'

Daniël ging bij de muur staan, waar de foto van Pandora's ouderlijk huis hing. Pandora had gezegd dat ze het beter vond als ze elkaar een paar weken niet zouden zien. Daniël mocht haar ook niet bellen. Pandora zou iets van zich laten horen als ze vond dat het daar tijd voor was.

'Je moet sterk zijn,' zei Daniël hardop. Hij moest vasthouden aan wat hij geloofde: zijn liefde voor de Polen was groot, ook al dachten de Polen zelf daar anders over. Daniël wist waarin hij geloofde en hoe goed de bedoelingen van zijn feuilleton waren geweest, als hij daar maar aan bleef vasthouden, moest alles goedkomen bij het debat, ook al zouden ze hem willen verscheuren en Daniël zei hardop dat hij –.

Lukas was terug van het toilet. 'Ik dacht dat je wilde gaan?' vroeg hij. 'Wat sta je tegen die foto te praten?'

Achter in het magazijn van Darius werd wodka geserveerd. En pierogi, een Poolse deegspecialiteit. Daniël en Lukas liepen samen naar binnen. Daniël zag dat er meer dan tweehonderd Polen waren gekomen. Ze zagen er boos uit. De wodkaflessen stond niet alleen achter in het magazijn, er waren ook Polen die flessen in hun hand hadden.

'Wat een leeuwenkuil,' zei Lukas. Ze stonden in de deuropening van het magazijn.

Daniël zei dat Lukas gelijk had. Een leeuwenkuil was een goede omschrijving. Daniël deed zijn ogen dicht. Misschien zou het er anders uitzien wanneer hij ze weer opendeed.

Tien seconden later.

Daniël deed zijn ogen open. De leeuwenkuil zag er bijna hetzelfde uit. Het leek alsof er nog meer Polen bij waren gekomen en alsof ze nog bozer waren. Hij keek om naar Lukas. Die stond niet meer naast hem. Daniël kon hem nog net zien, achterin het magazijn.

Darius kwam Daniël halen. Ze liepen naar een podium. Daniël zag fotocamera's, televisiecamera's en mannetjes van de radio. De discussie met de Polen werd geen discussie. Daniël probeerde uit te leggen wat hij met zijn feuilleton had bedoeld, de Polen schreeuwden dat het racistisch was, en discriminerend en seksistisch bovendien. Ze wilden excuses en Daniël moest 'verantwoording afleggen', al werd niet duidelijk hoe en waarover hij dat precies moest doen.

Daniël bood geen excuses aan. Hij bleef geloven in zijn liefde voor de Polen. Ook al dachten de Polen daar zelf anders over.

Het was bijna middernacht. Daniël had het magazijn een uur geleden verlaten. Van het podium naar de voordeur van het magazijn duurde tien minuten. Veel Poolse mannen wilden Daniël aanraken. Lukas zag hij niet meer, zelfs niet achter in de zaal. Daniël was alleen naar huis gegaan.

Het eerste glas champagne was bijna leeg. Daniël twijfelde of hij een tweede glas moest inschenken. Hij zette zijn glas op tafel en deed de computer aan.

Het was een ritueel dat Daniël iedere avond uitvoerde:

bekijken hoeveel bezoekers zijn website had getrokken. Meestal waren het er meer dan honderd, nooit meer dan tweehonderd. Nu stond de teller op 31 679.

Daniël schonk een tweede glas in.

Glamour

Bij de deur van de grote zaal in het Muziekgebouw aan het IJ hield een jongen de wacht. De toeschouwers voor de finale van de Samsung Elite Model Look mochten nog niet naar binnen. Vanavond werd uit eenentwintig kandidaten de winnares gekozen die naar de wereldwijde finale in China mocht. Onder een bank had de jongen, voor tijdens het wachten, een boek verstopt. Het was een exemplaar van, en dit is echt waar, *Ulysses* van James Joyce.

Aan de bar stonden mensen met interessant uitziende rode drankjes. Ze praatten over vriendjes die nu ook in het vastgoed zaten, maar dan in het bedrijf van pappie, en over de nieuwe BlackBerry – wie die niet had was een loser. De beroemdste aanwezige was Ferri Somogyi, die vroeger, of misschien wel nog steeds, in GTST speelde. Iemand omschreef de andere gasten als 'wannabe's'. Dat betekende dat ze niet iemand waren, maar het wel wilden worden. In dit geval betekende het dat ze hoopten op een partyfoto in het tijdschrift *Jackie* te komen.

Het interessant uitziende rode drankje werd achter de bar gemaakt. Het bestond uit een scheut Skyy wodka, een van de sponsors van de avond, vermengd met cranberrysap van Ocean Spray, uit een plastic pak.

De finale begon met een voorstelling van klassieke muziek op de piano. Iedere keer dat de muziek een seconde stopte, begon het publiek hoopvol te applaudisseren, maar dan bleek het langer door te gaan.

De eenentwintig finalistes waren lang, dun en, op één na, blank. Hoe dun ze waren, viel het beste te zien toen de meisjes in een bikini over de catwalk moesten lopen, met een telefoon van Samsung om hun nek. In de zaal zat minstens één toeschouwer die dacht: wie heeft toch ooit bepaald dat iedereen het mooi zou moeten vinden als vrouwen er ziekelijk dun uitzien? Die toeschouwer dacht dat heus niet alleen maar omdat hij zelf een liefhebber was van vrouwen die er heel anders uitzagen.

Na de badpakkenronde werd iets wat op een brancard leek naar het toneel gereden. Was die nodig om een van de ondervoede kandidates af te voeren? Nee. Het was een marimba, een soort xylofoon, waarop nog meer klassieke muziek werd gespeeld.

Aan het einde van de avond had een van de lange dunne meisjes de verkiezing gewonnen. Winston Gerschtanowitz, de presentator, zei tegen haar: 'Je hebt gewonnen.'

Het meisje zei: 'Ja.'

Winston vroeg: 'Ben je blij?'

'Ja,' zei het meisje.

'Hoe vind je het?' vroeg Winston.

'Ja,' zei het meisje. 'Geweldig.'

Winston vroeg wat ze nu ging doen.

Het antwoord luidde: 'Voor Elite werken.'

Bij de uitgang stonden *goodie bags* te wachten op de gasten. Op de goodie bags stond met grote letters: 'When Samsung is everywhere, imagination lives'. Maar alleen de winnares van de modellenwedstrijd had, als prijs, een telefoon van Samsung gekregen.

De vrouwen kregen een zwarte papieren tas mee naar huis, de mannen een witte. In de tas zat: een bon voor vier euro korting op Essential Color haarkleuring bij Kruidvat, een bon voor één fles prosecco per diner cadeau bij een restaurant en een mascara van Rimmel. Verder kregen de vrouwen een fles Fa shower cream. De mannen kregen een fles shampoo van Syoss, voor 'dof, glansloos haar'.

Eén ding

Als schrijver kom je weleens bij de mensen over de vloer. Ze willen praten over het boek dat je hebt geschreven. Niet zelden gaat het daarbij om mensen die zich hebben verzameld op basis van hun afkomst.

Zoals de mensen in de synagoge bij het Stadionplein. Voor de deur stonden twee bewakers. Kennelijk is dat nodig wanneer joden zich in Amsterdam verzamelen. Binnen was er boterkoek, er was frisdrank en zelfs wijn.

Dit was het eerste wat de joden vroegen: 'Heb je boeken bij je? Misschien kun je er hier nog een paar verkopen.'

Daarna ontstond een fijn gesprek. Je kunt er niet de vinger op leggen wat het is, maar in de omgang met mensen die dezelfde afkomst hebben als jij, krijg je het gevoel: ik ben veilig, dit zijn mijn mensen, ze zullen me niet voor onaangename verrassingen stellen.

De joden vonden het boek mooi, alleen begrepen ze één ding niet: die joodse hoofdrolspeler uit dat boek, wat moest die toch met die zwarte vrouwen, waarom nam hij niet gewoon een joods meisje, wat was er mis met die jongen?

Een paar weken later.

De Surinaamse vrouwenleesclub Wortu verzamelde zich in een buurthuis in de Rotterdamse wijk Delfshaven. Voor de deur stonden geen bewakers. Binnen zaten dertig Surinaamse vrouwen en één Surinaamse man. Er was nasi en gemberbier. En er was een Rotterdams gemeenteraadslid, er waren leraressen van middelbare scholen. Dit waren vrouwen die puur over de inhoud wilden praten. Het boek vonden ze mooi, alleen begrepen ze één ding niet. Ze vroegen zich niet af hoe het mogelijk was dat die hoofdrolspeler de voorkeur gaf aan zwarte vrouwen boven joodse, nee, het ging meer om de personages in het boek die net zo zwart waren als zijzelf. Moesten die echt negers worden genoemd? Was het niet bekend dat neger een woord was dat niet mag worden gebruikt?

Weer een paar weken later.

De bibliotheek van Someren, in het zuidoosten van Brabant. Er waren Brabanders, en thee met biscuitjes. Op het dorpsplein van Someren was de jaarlijkse kermis aan de gang, maar er stonden geen bewakers voor de deur van de bibliotheek.

De bezoekers waren niet per se geïnteresseerd in de joodse en zwarte personages. Het boek vonden ze mooi, alleen begrepen ze één ding niet: de Hollanders uit dat boek, waarom waren die zo racistisch? Zo zijn Hollanders niet, daar waren alle aanwezigen het over eens. Inclusief de meneer die drie keer zei dat hij niet op Geert Wilders ging stemmen, maar die was wél de enige politicus die durfde te zeggen waar het op stond.

Aan het einde van de lezing werd de vraag gesteld, de vraag waar het om ging: in het boek stond één zinnetje over Brabanders. Het was een zinnetje over het vooroordeel van mensen die denken dat Brabanders altijd liegen, omdat ze katholiek zijn. Daar hadden de Brabanders nog nooit van gehoord. Waarom zou iemand denken dat Brabanders altijd liegen? Kwam het doordat katholieken mogen biechten? Hoe kon iemand zoiets opschrijven in een boek?

Je weet toch

In de kleedkamer van de Melkweg kijken twee blonde jongetjes van zestien hun ogen uit. De beloning van de door hen gewonnen prijsvraag bestaat eruit dat ze hier mogen zijn. Hun grote held hebben ze even gezien, daarna verdween hij. Voor jongetjes van zestien bestaat er niemand die stoerder is dan Kempi.

Het is druk in de kleedkamer. Dio, The Opposites en Sef lopen zomaar in het wild rond. Over een paar uur geven de rappers van het Top Notch-label een gezamenlijk concert. Nu eten ze, ze spelen op een piano en ze lachen.

Een paar meter verder, in een lege kleedkamer, zit Kempi op een stoel. Iemand heeft een bord warm eten voor hem gehaald uit de andere kleedkamer. Kempi wilde niet tussen al die mensen zitten. Hij voelt zich bekeken, je weet toch, het is moeilijk voor hem, die andere rappers zijn allemaal matties van elkaar, Kempi is een buitenstaander.

Toen zijn eerste mixtape, 'Tsss Kempi', drie jaar geleden op het internet verscheen, had hij nog geen platencontract. Nadat de muziek meer dan 40 000 keer werd gedownload tekende Kempi bij Top Notch. Andere mensen rapten niet over pijpen en beffen. Je moeder is een junk, je vader is een zwerver – niemand praatte zo. Zijn videoclip voor 'Zoveel stress' werd op YouTube meer dan 2,3 miljoen keer bekeken. Het probleem was alleen, of misschien was het juist een aanbeveling, dat Kempi in de gevangenis zat toen hij zijn platencontract tekende.

Kempi groeide op in Eindhoven. Zijn moeder komt van Curaçao. In de Edisonbuurt was het normaal dat de buurvrouw een hoer was, met een raam waar ze achter zat en alles erop en eraan. Daarnaast woonde een man die in de dikste Mercedes reed die er bestond en verderop in de straat had je mensen die handelden in kleding die van de vrachtwagen was gevallen.

Eigenlijk heet hij Jerrely Slijger. Kempi is de bijnaam van een jongen die hij had ontmoet in de gesloten inrichting. Ze waren veertien. Hun wegen zijn gescheiden, maar Kempi had beloofd zijn naam met eer te dragen. Hij woont nog steeds in Eindhoven. Daar voelt hij zich niet thuis, maar er zijn redenen om in Eindhoven te wonen. Aan de muziek verdient Kempi niet altijd genoeg geld, je weet toch? Dat maakt het moeilijk om uit de handen van justitie te blijven.

Volgens Kempi kent iedere negroïde man – zo noemt hij het, hij zegt ook vaak Negrolander – het moment waarop hij denkt: zal ik hem rocken, die gouden tand? Kempi heeft een gouden tand en drie tattoos in zijn gezicht. Ook heeft hij twee baby moeders. Ze willen alles van je: je moet bij ze zijn, en je moet ze ook nog doekoe geven. De moeders van die baby moeders zeggen: hij is toch die hosselaar, zorg dan dat hij je money geeft.

De show van Kempi begint over twee uur. Het gaat spetterend worden, al zijn leed zal hij op het podium storten. Soms moet hij overgeven voor een show. De spanning van moeten presteren is net als met een lekker wijf. Laatst had hij een wijf, echt lekker was ze, en ze lag er klaar voor, maar toen voelde hij die spanning. Het gevoel in je buik dat je moet overgeven, schijten, alles tegelijk. Zo voelt het voordat Kempi moet optreden.

Carice en jij

Dus ineens besefte je dat het de bedoeling was dat je nu, en wel nu meteen, ging 'acteren' met de beste actrice van Nederland. Zij was al begonnen, jij had geen andere keuze dan meedoen aan het 'acteren'. (De aanhalingstekens zijn bedoeld voor jou, niet voor haar. Je hebt nooit eerder geacteerd en dan krijg je dit voor je kiezen.)

Carice van Houten en jij waren in een kantoor. Jij zat op een stoel achter een bureau, zij stond voor het bureau, tussen jullie in hing een lamp. Het gezicht van Carice van Houten was niet meer dan een halve meter verwijderd van jouw gezicht. Zij stond, jij zat, ze keek op je neer. Jullie acteerwerk was bedoeld voor de foto's die ervan werden gemaakt. Carice van Houten had haar gebruikelijke *look*, die ene waarmee ze eruitziet als Ingrid Bergman, Lauren Bacall en Katharine Hepburn bij elkaar opgeteld. De jongere versies welteverstaan. En jij, nou ja, je zag eruit zoals je eruitziet.

Het is moeilijk om na te vertellen wat er precies gebeurt als Carice van Houten op minder dan een halve meter afstand met je acteert. Ze doet iets met haar ogen, zoveel is zeker. Met die ogen speelt ze met je, ze daagt je uit en ze zet je op scherp, zoals dat heet.

En jij – je zat op de stoel achter het bureau en probeerde de moed op te brengen om in de ogen te kijken van de beste actrice van Nederland. Het was niet makkelijk om dat langer dan een paar seconden te doen. Waarom was jij het steeds die dat als eerste niet meer volhield?

De laatste jaren acteerde Carice van Houten met Tom Cruise, Jude Law en Leonardo DiCaprio. Nu moest ze het doen met jou. Je probeerde je voor te stellen hoe de foto's van Carice van Houten en jou eruit zouden zien en, nou ja, je dacht: misschien was het beter geweest als ik de laatste jaren wat minder aan eten en drinken had gedaan en wat meer aan lichaamsbeweging.

Je zei tegen Carice van Houten dat het een aparte situatie was, zo met dat acteren en die foto's nemen en al die mensen eromheen.

Intelligente opmerking om te maken tegen iemand die de hele dag niets anders doet. Carice van Houten zei dat ze het wel aparter had meegemaakt. 'Bijvoorbeeld als ik in mijn blote punani op een filmset moet staan terwijl de rest zijn kleren aanheeft.'

Een uur eerder.

Carice van Houten kwam binnen. Hoe het werkt met beroemde mensen: er bestaat een hiërarchie. Voordat Carice van Houten binnenkwam, was er wel wat aandacht voor jou. Niet dat je zo beroemd bent. Maar je hebt een boek geschreven dat de laatste tijd veel in de belangstelling heeft gestaan. Dat vinden de mensen interessant.

Tot het moment dat Carice van Houten binnenkomt. Wanneer Carice van Houten binnenkomt, gaat alle aandacht uit naar Carice van Houten. Niet dat het erg is. Carice van Houten zal hetzelfde overkomen zodra Tom Cruise binnenkomt en Tom Cruise heeft het als hij wordt overvleugeld door het arriveren van, ja van wie eigenlijk – goed, Tom Cruise is een slecht voorbeeld.

Carice van Houten kwam binnen in het gezelschap van haar agent Janey van Ierland. Dat wil zeggen: ze heeft nog een Amerikaanse agent en een Britse, maar voor de rest van Europa doet Janey van Ierland haar zaken. Carice van Houten zag eruit als een filmster. Ze ging zitten en je vroeg aan haar:

Hoe ziet een filmster eruit?

'Soms zie je op een kilometer afstand dat het een filmster is. Vooral als diegene wil dat iedereen het ziet. Het kan ook dat je ze op straat zo voorbijloopt.'

Welk type ben jij?

'Ik kan allebei zijn. In de film hoop ik dat ik een ster ben, in het dagelijks leven hoeft het voor mij niet zo opvallend. Ik ben niet geïnteresseerd in alles eromheen. Sommige filmsterren willen naar alle feestjes om gefotografeerd te worden. Ze zien het als een soort reclame voor zichzelf. Voor mij is er al genoeg reclame. Ik probeer selectief te zijn, maar ze nemen alles over. Dan sta je ineens toch in het blad waar je niet aan wilde meewerken. Je hebt er geen controle over, terwijl je zo zorgvuldig probeert te zijn.'

En zo praatten Carice van Houten en jij nog even verder over hoe moeilijk het was om beroemd te zijn. Ze had alleen nog nooit gehoord van het boek dat jij had geschreven.

Janey van Ierland en Carice van Houten overlegden over vanavond. Jelka van Houten, haar jongere zus, had de première van haar nieuwe toneelstuk. Carice van Houten ging erheen, maar ze informeerde bij Janey van Ierland: 'Is daar een rode loper?' Die was er.

Carice van Houten was de rode lopers een beetje zat. Bovendien was het de avond van Jelka, ze wilde de aandacht niet van haar afleiden. Het zou oneerlijk zijn tegenover haar zus en de rest van de toneelcrew.

Je stelde nog een vraag:

Ben je een aantrekkelijke vrouw?

'Ik kan goed schminken. Het is belangrijk voor een actrice, hoe je eruitziet. Ik kan me aantrekkelijk voelen, maar daaronder zit een nerd van negen. Een normalere mond zou ik wel willen hebben, en normalere tanden. Met mijn huid ben ik gezegend.'

Ze zeggen dat die van jou van porselein is.

'Als ik er een tik tegen krijg, wordt hij ook blauw.'

Ben je aantrekkelijk in de zin van wat ze in de volksmond een lekker wijf noemen?

'Ik denk dat ik ouderwets mooi ben. Geen sekssymbool of zo.'

Ben je een goede actrice?

'Soms. Als ik geconcentreerd ben en ongegeneerd kan zijn. Het moet organisch zijn en doorstromen. Ik moet goed hebben geslapen, hoewel het soms juist kan helpen om je rot te voelen. Alle zintuigen doen het beter als ik speel. Ik ben er dan echt. Ik hoor en ruik beter, ik ben geconcentreerder. Fysiek voel ik me ook beter dan wanneer ik niet aan het spelen ben. Het gaat om één ding: het publiek moet zich kunnen identificeren met de vrouw die ik speel. Ik geloof dat dat soms lukt.'

Lees je veel boeken?

'Twee per jaar? Als ik draai, kan ik geen boeken lezen, dan ben ik te veel bezig met de film. Alleen spirituele boeken lukken nog, geen romans.'

Ben je een intellectueel?

'Nee. Bij een intellectueel denk ik aan iemand die grijs is, de vpro-*gids* leest en aan het Vondelpark woont. Ik ben een utilist, ik wil graag de zin van dingen weten, ik kan er niet tegen als ik iets niet snap.'

Ze zeggen dat je er in de film mysterieus uitziet, alsof je allerlei diepere gedachten hebt.

'Ik ben een denker, maar ik weet niet of ik zoveel diepere gedachten heb. Het schijnt dat ik weleens tegenstrijdige signalen uitzend. Ik ben observeerder, ik heb een radar voor spanningen en onzekerheid bij mensen, ik zie het als

44

mensen verliefd zijn op elkaar, voordat ze het zelf weten.'

Komt een vrouw bij de dokter *is gemaakt door mensen met een commerciële achtergrond. Je werkt ook met zogenaamde kunstenaars. Wat is het verschil?*

'Ze zijn net zo eigenwijs. Als mensen zich richten op effecten en op een groot publiek hoeft dat niet per se een minder goede film op te leveren.'

Wat zijn acteurs voor mensen?

'Ze hebben een aandachtsprobleem, meestal zijn ze gaan acteren door een gebrek daaraan. Ik dacht dat ik niet bestond als ik niet speelde. Tot ik ging spelen was ik een grijze muis, ik was stilletjes en braaf en deed mijn best op school. Ik wilde met iedereen vrienden zijn, ik was pleaserig, een onzeker kind. Ik tastte altijd af: wat moet ik nu doen? Spelen was voor mij alsof ik een jas uitdeed.'

Wanneer wist je dat je wilde spelen?

'Op school hadden we een voorstelling, *Tijl Uilenspiegel*. Daarin speelde ik een jongetje. Ik merkte dat mensen geraakt waren door wat ik had gespeeld, ze voelden er iets bij. Dat gaf mij het gevoel: ik kan iets geven, ik bewerkstellig iets bij mensen. Dat maakte me minder eenzaam, ik dacht: ik had dat bepaalde gevoel niet in mijn eentje, andere mensen denken daar hetzelfde over.'

Wilde je graag beroemd worden?

'Daar heb ik nooit over nagedacht. Ik wilde gelukkig worden, ik heb nooit gedroomd over glitter en glamour of een rode loper. Ik wilde wel goed worden en zorgen dat ik hier mijn werk van kon maken.'

Is er een film die je zelf het mooist vindt?

'Dat kun je niet zeggen. *Zwartboek* was belangrijk omdat het mijn weg naar de andere wereld was. Dat besefte ik pas toen de film in Venetië in première ging. Ik zag: oooh, andere mensen snappen dit ook.'

Het was je doorbraak?

'Zo zou je het kunnen zeggen.'

Hoe ambitieus ben je?

'Ik wil de beste rollen. In Europa.'

Je bent niet zo ambitieus dat je verhuist naar Hollywood?

'Dan had ik er nu al gezeten. De rollen die ik in Europa speel zijn net wat artistieker. Hier worden ook goede films gemaakt. En ik hecht aan mijn leven en mijn vrienden. Los Angeles is niet een stad die bij mij past. Het ligt in een prachtige omgeving, maar ik heb geen zin om daar in mijn eentje te gaan zitten.'

Wat is er Hollands aan jou?

'Dat ik geen *boob job* heb gehad misschien? Dat ik zelf-relativering heb? Als ik in Hollywood een grap maak over mijn eigen cellulitis kijken ze me geschokt aan. Ze lullen maar wat daar. Het is allemaal balletjes in de lucht houden. Ze doen alsof je het belangrijkste van de hele wereld bent, maar als je de deur uit bent zijn ze je weer vergeten.'

En toen. Toen moest Carice van Houten ervandoor. Ze moest naar de première van het toneelstuk van haar zus. Jij dacht: was er niet een intrigerende jeugd in een hutje in het bos waar we over hadden moeten praten? Was er niet iets met een Duitse man met wie ze verkering had, of juist niet, en had je niet moeten vragen hoe dat ook weer zat? Carice van Houten gaf je een hand, ze moest de trein naar Rotterdam halen en daarna was ze druk druk druk met nieuwe films.

De volgende avond zat je thuis op de bank. RTL *Boulevard* stond aan. Dat was de schuld van je verkering, die niet Duits is, integendeel, maar daar gaat het nu niet om. De rode loper van de première van de zus van Carice van Houten kwam in beeld. Daar stond Carice van Houten, op de rode loper. Jij zat thuis op de bank. En dat was hoe het hoorde.

Platgespeeld

Dus je zat in de auto met Herman Koch en P.F. Thomése. Drie players bij elkaar. Het was de gloednieuwe glimmende zwarte Jaguar van Koch. Op de achterbank lag een exemplaar van *Het diner* met een sticker erop: 250 000 verkocht.

Er zaten zoveel luxueuze details aan de auto dat er geen tijd was om ze allemaal de aandacht te geven die ze verdienden. Het laatste boek van Thomése, *J. Kessels: The Novel*, gaat over mannen die met de auto naar Sankt Pauli gaan en weer terug naar Tilburg. Deze reis ging naar het ZuiderZinnenfestival in Antwerpen, waar moest worden voorgelezen.

'Mannen in auto's, daar heb ik iets mee,' zei Thomése.

Tijdens de reis werden mannelijke activiteiten ondernomen.

Koch vertelde over Duitse legeruniformen en over die keer dat hij in een echte tank had gezeten.

Thomése praatte over voetballen en boksen.

Jij deelde je recept voor koosjere hamlappen.

Koch liet zien hoe hard zijn nieuwe auto kon. Terwijl de Jaguar de andere auto's voorbijracete alsof ze er niet stonden, zei hij: 'Eén kleine *bump on the road* en de Nederlandse literatuur zal nooit meer hetzelfde zijn.'

Verder werd er geklaagd over de grote hoeveelheid lezingen in het land en over de vele verzoeken voor aanbevelende quotes op boeken van andere schrijvers. Koch nam zich voor om alleen nog quotes te leveren voor nieuwe boeken die hij zelf had geschreven. Zoals:

'Nog beter dan *Het diner!*'

– Herman Koch

Of:

'Koch flikt het 'm weer.'

– Herman Koch

Jij zat op de achterbank, verschil moet er zijn. Je vroeg: 'Bij *Het Parool* hebben ze verzocht of ik geen columns meer wil schrijven in de tweede persoon enkelvoud. Wat vinden jullie daarvan?'

Koch zei dat dat de vrijheid van de columnist was. Thomése vond het een reden om het juist te blijven doen.

Antwerpen werd bereikt. Het voorlezen vond plaats in een theater dat De Arenberg heette. Het was een prachtige oude schouwburg met rode pluchen stoelen. De zaal was groot, er pasten achthonderd mensen in.

Op die achthonderd stoelen zaten ongeveer twaalf mensen. De Arenberg lag nogal uit de route van de rest van het festival. ZuiderZinnen vond plaats op een zondag waarop het centrum van Antwerpen autoluw was. Koch mompelde dat dit zeker ook een publieksluw festival was.

Nadat jij voor twaalf onbewogen en muisstille toeschouwers een grappig bedoelde tekst had voorgelezen waar niemand om moest lachen, kwam je weer backstage. Je zei: 'Ik heb die hele zaal platgespeeld.'

Als schrijver word je geacht niet alleen te kunnen schrijven, maar ook bedreven te zijn in voorlezen. Het zijn twee talenten die niet per se samen hoeven te gaan. Net als voetballen en interessante interviews geven. Toch blijven de mensen erom vragen.

Thomése las als laatste voor. Nadat hij klaar was, arriveerde de volgende voorlezer: Rick de Leeuw, ex-popster en thans ook schrijver. Backstage viel te horen hoe hij dolenthousiast de lege zaal begroette: 'Hallo hallo hallo!'

'Ze verpesten de markt,' stelde Thomése vast bij het verlaten van De Arenberg. 'Van die mensen die het léúk vinden om op te treden.'

Een lezing in het
Joods Historisch Museum

Nu wij hier zo samen zijn als joden onder elkaar, kunnen we het best een keer eerlijk zeggen: wij relateren alles aan de oorlog. Bij iedere gebeurtenis die te maken heeft met discriminatie, onrecht of ongelijkheid, denken wij: hoe staat dit in verband met wat tijdens de oorlog is gebeurd? Overigens denken wij dat ook bij gebeurtenissen die niets te maken hebben met discriminatie, onrecht of ongelijkheid, maar dat is weer een heel ander verhaal.

Wanneer je, zoals ik, van jongs af aan hebt gezien hoe iedere familiebijeenkomst werd gedomineerd door gesprekken over de oorlog, dan kan het haast niet anders, ook al ben je geboren in 1970, dat je bijna alle onderdelen uit je leven in verband brengt met de gebeurtenissen tussen 1940 en 1945.

Om een kort persoonlijk voorbeeld te noemen: sinds mijn vijftiende jaar heb ik geen relaties meer gehad met blanke Hollandse meisjes. Je zou de oorzaak kunnen zoeken in een sterke voorkeur voor andere soorten meisjes, of inmiddels: vrouwen. Je zou ook kunnen concluderen dat het voortkomt uit een diep wantrouwen tegen blanke Hollanders. Een gedachtegang die voortkomt uit het idee: kennelijk ben ik geen echte Hollander. Voor mijn familie verliepen de jaren tussen 1940 en 1945 op een andere manier dan voor echte Hollanders. De mensen die dat hebben laten gebeuren kan ik niet vertrouwen.

Voor kwesties als het kiezen van een liefdespartner bestaat nooit één allesoverheersende reden, maar ik sluit niet uit dat dit wantrouwen onderbewust een rol kan hebben gespeeld. Echte Hollanders zullen dit nooit begrijpen. Die hebben geen ervaring - en dat is ook logisch, je kunt het ze niet kwalijk nemen – met het gevoel een minderheid te zijn, of in het ergste geval: een bedreigde minderheid.

Over dat gevoel wil ik vanavond vertellen. Eerst wil ik een onderscheid memoreren dat wordt gemaakt in mijn boek *Alleen maar nette mensen*. In Amsterdam-Zuid wonen ze niet ver van elkaar verwijderd, maar toch bestaat er een subtiel verschil tussen de intellectuele joden en de textieljoden, oftewel: de geldjoden. In het boek worden textieljoden omschreven als babbelaars en regelaars die in grote auto's rijden en in dure bungalows wonen. Intellectuele joden zijn wereldvreemd en onhandig, ze rijden in net wat minder grote auto's en denken niet zozeer na over geld, maar over de *meaning of life*.

Aan deze twee karikaturen wil ik nu een derde toevoegen: de religieuze jood. Die houdt zich niet bezig met seculiere zaken als auto's en bungalows of de meaning of life. Religieuze joden, ook wel orthodoxe joden genaamd, richten zich op religie. Ze voelen zich joodser dan de andere joden. Misschien denken die liberalen en atheïsten dat ze ook joods zijn, maar zij hebben het lekker makkelijk. Ze kunnen, zonder keppeltje of andere niet te missen herkenningspunten, ongestoord en onherkenbaar over straat lopen. De religieuze joden denken: wel de lusten maar niet de lasten – zo kan ik het ook.

Als Nederlandse jood anno 2011 is dit het grote vraagstuk: wat is je standpunt over de bedreiging van joden door Marokkanen?

Het is, ook doordat wij alles aan de oorlog verbinden,

een ingewikkelde kwestie. Wij zijn gewend ons te identificeren met de onderdrukte partij, dat is waar onze sympathie automatisch ligt. Wie is in het Nederland van 2011 de bedreiger en wie is de bedreigde? Nederlandse jongens van Marokkaanse afkomst, want daar gaat het om, gelden als de bedreigers van joden. Tegelijkertijd kent onze snelst groeiende politieke partij als belangrijkste agendapunt: de meedogenloze aanpak van Marokkanen, die volgens anderhalf miljoen kiezers liefst zo snel mogelijk het land moeten verlaten. Zijn Marokkaanse jongens de Duitsers van deze tijd, of is hun positie juist vergelijkbaar met die van de joden voorafgaand aan de oorlog? Is Geert Wilders de bedreiger of is hij in werkelijkheid een vrijheidsstrijder?

Bij wie moet, als jood, je loyaliteit liggen – bij je bedreigde religieuze broeders en zusters of bij hun bedreigers, die zelf weer op een andere manier bedreigd worden? Welke bedreiging is erger – joden die niet langer als zodanig herkenbaar over straat kunnen omdat ze in elkaar worden geslagen door zogeheten straatterroristen, of Marokkanen die hier moeten leven in de wetenschap dat de twee na grootste politieke partij als belangrijkste agendapunt heeft: zij zorgen voor alle problemen in ons land? Is Geert Wilders echt zo pro-Israël als hij beweert? Hoe betrouwbaar kan iemand zijn die in zulke bewoordingen spreekt over een andere minderheidsgroep? Staat hij echt aan onze kant of zou hij, in het hypothetische geval dat hij de kans kreeg om te doen wat hij wilde met de Marokkanen en de Antillianen, daarna overgaan tot de vraag: welke allochtonen zijn nu aan de beurt? Moeten wij als collega-minderheden solidariteit voelen met elkaar of moeten we vooral kijken naar ons eigen particuliere belang?

Het is voor mij lastig om in te schatten hoe textieljoden en orthodoxe joden erover denken, dus laat ik voor
mezelf spreken. Als jood hanteer ik het motto: er bestaat
maar één God, en wij geloven niet in hem. Ook heb ik weleens gedachten die met een beetje goede wil intellectueel
kunnen worden genoemd. In de manier waarop ik ben
opgevoed past het niet om bevolkingsgroepen te veroordelen. In mijn deel van Amsterdam-Zuid wantrouwen wij
mensen die rechtse praatjes ophangen over andere bevolkingsgroepen. Mensen die vinden dat alle Marokkanen moeten oprotten, dat zijn toch dezelfde mensen die
zeventig jaar geleden van mening waren dat de joden de
schuld waren van alle problemen in Nederland? Maar wat
als de mensen die Marokkanen veroordelen zelf joods
zijn, aan welke kant moet ik dan staan?

Het probleem is dat de vergelijking tussen beide groepen alleen maar meer vragen oproept. De situatie van de
joden voorafgaand aan de Tweede Wereldoorlog is wezenlijk anders dan die van de Nederlandse Marokkanen
in 2011. Joden waren in 1940 niet verantwoordelijk voor
een onevenredig groot deel van de kleine criminaliteit. Ze
lieten hun religieuze overtuiging niet zo demonstratief
tussen henzelf en de andere Nederlanders in staan. Joden
hadden, zeker in Amsterdam, een aanzienlijk grotere bijdrage geleverd aan de ontwikkeling en identiteit van Nederland.

Iedere gedachte over dit onderwerp leidt tot nieuwe gedachten. Het is bijna niet mogelijk om er één duidelijke
mening over te hebben. Probeer maar eens te beginnen
bij de basis van het antisemitisme onder Nederlandse
Marokkanen. Hoe is het mogelijk dat door hen een direct verband wordt gelegd tussen joden in Nederland en
het handelen van de Israëlische overheid ten opzichte

van Palestijnen? Het is een misverstand om te denken dat Nederlandse joden per definitie het beleid van de Israëlische regering steunen. De opstelling van de Europese joden tijdens de Tweede Wereldoorlog verschilt vrij radicaal van die van de joden in Israël sinds 1948. Europese joden waren, en misschien zijn ze dat nog, zachtaardige intellectuelen die over het algemeen niet gespecialiseerd zijn in fysieke of andere oorlogshandelingen. Israëlische joden daarentegen hebben zich aardig aangepast aan de wat hardere omgangsvormen die gangbaar zijn in het deel van de wereld dat zij bewonen.

Mag ik hardop zeggen dat alleen al het uitgangspunt voor het antisemitisme onder Nederlandse Marokkanen is gebouwd op onwetendheid en wellicht ook op ongeschooldheid? Ik weet het niet. Ik ben opgevoed met de gedachte dat het niet eerlijk is om op basis van het wangedrag van een kleine minderheid een grotere groep te veroordelen. Hoe groot is het percentage Nederlandse Marokkanen dat antisemitische gevoelens heeft? Ik heb geen idee. Hoe groot is de bedreiging voor joden door Nederlandse Marokkanen? Ik zou het niet weten. Ik woon veertig jaar in Amsterdam en heb nog nooit een antisemitisch incident met Marokkanen meegemaakt. Wel heb ik afgelopen jaar met eigen ogen en met verbazing gezien hoe alle joodse instellingen die ik bezocht, een synagoge en zelfs een middelbare school, alleen onder zware bewaking konden functioneren. Zou het voor een jood met een keppeltje op werkelijk veiliger zijn om in Israël te leven dan in Nederland? In Israël blijft het niet bij pesten, intimideren of in elkaar slaan. In Israël voeren ze oorlog en schieten ze terug.

Goed. U verwacht nu van mij een antwoord op de vraag: wat is je standpunt over de bedreiging van joden door Marokkanen? Die vraag kan ik niet beantwoorden. Ik kan niet in de toekomst kijken, net zomin als dat in 1939 mogelijk was. Het zou kunnen dat de huidige situatie later vergelijkbaar zal blijken te zijn met die in 1939. Het zou ook kunnen van niet. Het zou kunnen dat Marokkaanse Nederlanders onze bedreigers blijken te zijn. Het zou kunnen dat zij zelf de bedreigde partij blijken te zijn. Het zou ook kunnen dat Marokkanen binnen een of twee generaties gewoon Nederlanders worden genoemd en dat de bedreigingen nooit geëscaleerd zijn.

Het zou kunnen dat wij ooit nog een situatie meemaken die vergelijkbaar is met de Tweede Wereldoorlog. Het zou ook kunnen van niet. Het enige dat ik met zekerheid kan zeggen is: laten we van harte hopen dat de oorlog uitsluitend in onze hoofden blijft bestaan.

Vijf weken

Op Schiphol stond in vertrekhal 2 een man te wachten met een kinderjas in zijn hand. Misschien was jij het zelf wel. De man stond aan de kant van het glas van de mensen die reizigers kwamen ophalen. Het was de kant waar iedereen via de mobiele telefoon dezelfde vraag stelde aan de overkant: 'Bij welke bagageband sta je, kan ik jullie al zien?'

Tegen het glas aan stonden een man en een vrouw, allebei aan een andere kant, die in een soort gebarentaal een gesprek met elkaar voerden. De vrouw maakte geen aanstalten om haar koffer te halen, het leek erop dat ze voor altijd aan de andere kant van het glas wilde blijven staan. De man met de kinderjas in zijn hand vroeg zich af of dit was hoe ze altijd met elkaar communiceerden, of dat ze binnen gehoorsafstand wel normaal konden praten. Hij durfde het niet te vragen.

De kinderjas was voor zijn zoontje. Laten we hem Sonny noemen. De moeder van Sonny kwam oorspronkelijk uit een ver land, laten we zeggen: Brazilië. Dat was waar Sonny en zijn moeder net vijf weken op vakantie waren geweest. In Brazilië had hij vijf weken geen jas aangehad.

De vader van Sonny was niet meer samen met zijn moeder. Hij zou pas met zekerheid weten dat ze terug waren in Nederland wanneer hij ze met zijn eigen ogen zag. In een tijd waarin iedereen de hele dag met elkaar communiceert, of het nu via de mobiele telefoon is of de vaste telefoon of de sms of de e-mail of de msn of de Twitter of de Facebook of de Hyves of de Ping – dan was het prettig ouderwets om niets anders te kunnen doen dan achter glas te staan wachten of je zoontje aan de andere kant zal verschijnen.

Maar daar had de vader van Sonny nu weinig aan. Hij wilde vooral weten of Sonny hem zou herkennen. Zag hij er anders uit dan vijf weken geleden? In Brazilië was Sonny drie geworden. Zijn vader was er niet blij mee dat hij daar niet bij kon zijn, maar ja, zijn moeder en hij waren niet meer samen.

Daar kwamen Sonny en zijn moeder. Hoe zoiets gaat. Ineens was voor zijn vader het allerbelangrijkste van de hele wereld: hoe reageert Sonny als hij me ziet? Hij keek naar zijn vader, vanachter het glas, maar liet geen uitgesproken reactie zien. Toen werd het zicht ontnomen door een man die een hele lange rij bagagekarretjes voor zich uit duwde, en de vader dacht: ga weg!

Daar was Sonny weer. Nog steeds niet echt een reactie. Tot zijn moeder en hij zich omkeerden om terug te lopen naar hun koffers. Sonny draaide zijn hoofd om en zwaaide naar zijn vader.

Dat ene moment waarop hij zwaaide. In vijf weken was zijn vader niet zo gelukkig geweest. De vader van Sonny had weinig om over te klagen, hij had alles wat zijn hartje begeerde, maar toch: niets leverde zo een diep geluk op als dat ene moment waarop Sonny zwaaide. Het was een emotie die bijna net zo diep ging als het gevoel van ongeluk dat hij een paar weken eerder voelde, op de dag dat Sonny drie was geworden en hij er niet bij kon zijn.

Damage control

Dus je was iets gaan drinken met een van je nieuwe vrienden. Sinds kort zijn de meeste van je nieuwe vrienden op zijn minst semiberoemd. Deze nieuwe vriend was presentatrice bij de televisie en van Surinaamse afkomst. Dat is een goede maar zeldzame combinatie. Zoveel op zijn minst semiberoemde vrouwen van Surinaamse afkomst bestaan er niet.

Je nieuwe vriendin vertelde hoe moeilijk het sinds haar roem was om verkering te vinden. Ze kon wel verkering nemen met een professionele voetballer, maar daar had ze geen zin in. Je nieuwe vriendin was vrij jong. De jongens in wie ze normaal gesproken geïnteresseerd zou zijn, van haar eigen leeftijd, konden sowieso niet met haar hangen. Niet op het gebied van roem en niet op het gebied van salaris en een eigen auto en zo. Ze wilde ook niet dat hij tegen al zijn vrienden zou opscheppen over wie zijn nieuwe verovering was. Dat maakte het lastig om verkering te krijgen.

Nadat je in sommige semiberoemde kringen bent geaccepteerd als een zogenaamd lid van de club, heb je een ontdekking gedaan: onder elkaar, wanneer er geen buitenstaanders bij zijn, doen beroemde mensen niets anders dan klagen over hoe naar het is om beroemd te zijn. Behalve wanneer de beroemdheid in kwestie zo veel beroemder is dat ze nog nooit van jou hebben gehoord. Dan geldt ook voor jou nog steeds de regel: het is mij gelukt om beroemd te worden en jou niet, dus waarom zou ik met je praten?

Een paar weken later. Je was iets gaan eten met een vriendin die je al kende van voordat jij zogenaamd semiberoemd werd. Zij stond toen onder connaisseurs al bekend als de beste zangeres van Nederland, en is ook van Surinaamse afkomst. Er zijn er zo weinig dat je bijna alle beroemde vrouwen van Surinaamse afkomst inmiddels hebt ontmoet.

Je vriendin zei dat je haar was voorbijgestreefd. Toen jullie elkaar ontmoetten was zij beroemd en jij niet en nu was jij ineens beroemder geworden dan zij. Uiteraard zei je dat dat niet waar was.

Je ging over tot de bespreking van de meest pijnlijke gebeurtenis sinds je zogenaamd semiberoemd bent geworden. Van de zomer heb je een interview gegeven aan het blad *Marie Claire*. Daarbij werd een vraag gesteld waar je eigenlijk geen antwoord op had moeten geven. In een mislukte poging om er dan maar iets grappigs van te maken had je wat observaties gedaan over hoe erg het zou zijn als mensen van je dachten dat je snel klaarkwam en klein geschapen was. In het oktobernummer van *Marie Claire* werd een ingezonden brief afgedrukt waarin de volgende zin stond: 'Wat voor informatie krijg ik wanneer ik lees dat de heer Vuijsje een kleine piemel heeft en te snel klaarkomt?'

Je overlegde met de beroemde vriendin hoe hier het beste aan *damage control* kon worden gedaan. Mensen die deze ingezonden brief lazen, konden denken dat het waar was, terwijl het niet was wat je in het interview had gezegd, alleen wisten de mensen die de brief lazen dat niet en het was trouwens helemaal niet waar, integendeel, je piemel was juist groot en het duurde uitzonderlijk lang totdat je klaarkwam, maar je kon moeilijk een ingezonden brief schrijven met een weerlegging van deze beschuldigingen, dat zou sneu zijn en – je beroemde vriendin onderbrak je.

Ze was al wat langer beroemd dan jij. De vriendin adviseerde je om niet zo veel aandacht te besteden aan de roem. Het kon ook dat je binnenkort niet meer zogenaamd semiberoemd was. Dan zou je van alle problemen verlost zijn.

King Ray

We hadden ons vaste tentje, Ray Slijngaard en ik. Café Kale aan het Amsterdamse Marie Heinekenplein. Een tentje waar ik anders nooit kwam, maar het lag precies tussen mijn huis en het huis van zijn moeder.

Als hij in Amsterdam was, bezocht Ray zijn moeder. Dat was een blonde vrouw met een winkel in een zijstraat van de Albert Cuypstraat. Zijn vader was Surinaams en woonde ergens anders in Amsterdam. Zelf woonde Ray in Duitsland, in de buurt van Düsseldorf. Daar kwam zijn vrouw vandaan.

Iedere keer dat hij naar Amsterdam kwam, sms'te Ray:

Hey Robert! Ben er morgen! Zie je op het pleintje?

Ray hield van uitroeptekens. Soms ontmoetten we elkaar, vaak sms'te hij ook af, met een boodschap als:

Hey Robert! Zou je ook morgenochtend kunnen ik wilde eigenlijk zo naar het strand! Let me know!

Dat betekende dat onze afspraak werd uitgesteld tot de dag erna, maar meestal tot zijn volgende bezoek aan Amsterdam, zes weken later.

Het was de bedoeling van Ray dat ik zijn biografie zou schrijven. Ik wist niet zeker of ik dat wilde, maar na een paar ontmoetingen wist ik wel dat ik op zijn minst een verhaal over hem wilde schrijven.

De ene keer vertelde Ray dat hij Justin Timberlake had ontmoet. 'I always loved your music,' zei Justin Timberlake tegen hem. Ray was zijn jeugdidool. Hij had beloofd om op de grote comeback-cd van Ray de muziek te produceren.

De volgende keer vertelde Ray dat 50 Cent een goede vriend van hem was. Evenals de zoon van Khadaffi, die hing altijd met 50 Cent. Ze waren net in Dubai geweest, op een feest van P. Diddy. Janet Jackson was er ook bij. Wist ik dat Rays wassen beeld in Madame Tussauds in Londen naast dat van Michael Jackson stond? Michael Jackson kende hij nog van toen ze samen op nummer 1 en nummer 2 stonden in Amerika.

De keer erna vertelde Ray dat hij een paar jaar geleden feestvierde in een discotheek in Monaco. Alle vrouwen in de discotheek stonden om hem heen. Evander Holyfield kwam vragen of Ray hem aan die vrouwen kon voorstellen.

Een paar weken geleden was hij nog bij Evander thuis, in Atlanta. Het huis was zo groot als een kasteel. In het kasteel ernaast woonde Usher, ook een vriend van hem. Ray ging de muziek maken bij de nieuwe workout-dvd van Evander, en de muziek voor de cd van Candy, de vrouw van Evander. Die had besloten om zangeres te worden. Toen Candy hem zag, riep ze: 'Hé dat is Ray, van 2 Unlimited.'

Ray zou, samen met Don King, een revanchegevecht tussen Evander Holyfield en Mike Tyson organiseren. Het was nog geheim, ik mocht het aan niemand vertellen. Hij zou me het contract e-mailen.

Hij rookte veel sigaretten. Nadat Ray een sigaret had aangestoken, keek hij uit over het Heinekenpleintje en zei: 'Mijn kracht is dat ik zo normaal ben gebleven.'

Het gevecht tussen Holyfield en Tyson kwam nooit, net zoals de biografie nooit kwam. De moeder van Ray had videobanden van alle tv-optredens van 2 Unlimited. Hij beloofde steeds om ze op dvd over te zetten en aan mij te geven, zodat ik hem kon bestuderen in *Countdown* en *Top of the Pops*.

Hij had ook aantekeningen over alles wat er in zes jaar 2 Unlimited was gebeurd. Alleen waren die aantekeningen met pen en papier gemaakt. Bij ieder bezoek beloofde Ray dat hij de volgende keer de aantekeningen had uitgetypt. Dan waren ze ook voor mij leesbaar.

Altijd kwamen er dingen tussen. In Amsterdam moest hij zijn vrienden zien. Als het weer eens niet was gelukt met de aantekeningen, stuurde hij een sms:

Hey Robert! Het wordt toch volgende keer heb het echt druk gehad en vertrek morgen naar Duitsland ik bel je snel! Ray

In Duitsland was hij te druk met zaken. Tegenwoordig werkte Ray achter de schermen in de muziekindustrie. Hij was heel groot in Duitsland, alleen wist niemand het.

Na anderhalf jaar stuurde hij een e-mail getiteld *Ray Unlimited, My Story*. Het waren vijf pagina's. De eerste zinnen uit zijn autobiografie waren:

'Slijngaard, schiet eens op met die steaks,' schreeuwde de chef-kok Raul!

Raul was een klein mannetje van Spaanse afkomst en werkte al 12 jaar bij het restaurant van Schiphol Toplounge/Businesslounge op de Amsterdamse luchthaven.

Raul gefrustreerd omdat zijn droom was om zijn eigen Spaanse restaurant te openen nadat hij jarenlang had geploeterd om chef-kok te worden, maar zijn droom niet te verwezen-

lijken was, dus reageerde hij altijd zijn frustraties af op het per-
soneel.

Ray was er nog niet uit of hij nu het verhaal aan mij zou vertellen, of dat ik met zijn aantekeningen aan de slag zou gaan, wanneer hij meer dan vijf pagina's had geschreven.

Ons plan luidde als volgt. De volgende keer dat hij zijn vrienden P. Diddy en 50 Cent opzocht zouden we samen op reis gaan. Dan kon ik er meteen een verhaal over schrijven. (Bij onze eerste ontmoeting, in oktober 2005, werkte ik voor *Nieuwe Revu*. De laatste keer dat ik Ray sprak, in november 2007, werkte ik voor *De Pers op Zaterdag*.) Tijdens het reizen zouden we zo lang met elkaar praten dat de biografie na een paar dagen wel zo'n beetje klaar zou zijn.

Volgens mijn redenering bestonden er twee mogelijkheden. We gingen op reis en Ray ontmoette daar, volgens plan, zijn vrienden P. Diddy en 50 Cent. Dat zou een leuk verhaal zijn. Of we gingen op reis en P. Diddy en 50 Cent bleken nergens te bekennen. Ook een leuk verhaal.

In twee jaar dienden zich veel plannen aan voor het reizen. De ene keer zouden we naar Las Vegas gaan, de andere keer naar Los Angeles, of Atlanta. Texas was een plan, net als Tel Aviv en China. Ray stelde data voor die binnen een paar dagen bevestigd zouden worden en informeerde vast of *Nieuwe Revu* zijn ticket en hotel kon vergoeden. Maar alle reizen hadden één overeenkomst: ze gingen niet door.

Het was niet duidelijk waarom Ray mij had uitverkoren om zijn biografie te schrijven. Het zou kunnen dat ik de enige journalist was met wie Ray contact had. (Vrijwel iedere keer dat ik hem zag, begon Ray over het grote onrecht dat hem was aangedaan door Erik de Zwart. Toen 2 Unlimited net was begonnen, had Erik de Zwart gezegd dat het toch niets zou worden. Een paar weken later, inmiddels stonden ze overal op nummer 1, riep hij ineens in *Countdown* dat ze Neerlands trots waren. Ik was er niet zeker van of het door zijn verblijf in Duitsland kwam dat hij niet wist dat Erik de Zwart en *Countdown* al een tijdje niet meer toonaangevend waren in Nederland.)

Het zou ook kunnen dat het kwam door een aantal gezamenlijke hobby's. (Zwarte muziek, zwarte vrouwen, vrouwen in het algemeen, Ajax, voetbal in het algemeen en nog zo wat jongenszaken.) Ray en ik waren ongeveer even oud, allebei opgegroeid in Amsterdam, hemelsbreed niet ver van elkaar.

Met Nieuwjaar stuurde hij een sms:

Nog de beste wensen! Ray and Family.

Met Pasen stuurde hij een sms:

Happy Easter!

Ray werd bijna een vriend. In café Kale praatten we over onze vrouwen en kinderen. Ik vertelde over mijn huwelijk, Ray vertelde hoe moeilijk het was dat zijn oudste zoon bij zijn moeder in Friesland woonde. De moeder was helemaal veranderd nadat het haar lukte om zwanger van hem te worden. 'Ze dacht: nu heb ik je.'

Wanneer hij weer eens sms'te of ik morgen naar het pleintje kon komen, had ik er niet altijd evenveel zin in, maar ik dacht: het is voor een goed doel, en waarschijnlijk gaat de afspraak uiteindelijk niet door – maar toch, om kort te zijn: we konden het goed met elkaar vinden.

De eerste keer was voor een rubriekje in *Nieuwe Revu*, genaamd 'Doop', waarin min of meer beroemde mensen op de foto gingen en kort werden geïnterviewd. We spraken af in café Kale en Ray maakte de indruk dat het een paar jaar geleden was dat hij een interview had gegeven. Onder het kopje 'Player' vertelde hij in het blad:

'Op tournee waren we met een hele groep mannen, van de security, het geluid – allemaal mannen die genoten van het leven. In het begin neem je vrouwen mee naar het hotel. Het werkt verslavend, het wordt een sport. Hoeveel kun je er krijgen, wie krijgt de mooiste, we gaan morgen naar Tokio, wat gaan we daar doen?'

Toevallig had ik een paar jaar eerder, ook voor *Nieuwe Revu*, zijn 2 Unlimited-collega Anita Doth geïnterviewd. Zij vertelde:

'Als iedereen je vertelt dat je God bent, en niemand je er ooit op wijst dat het niet zo is, ga je er zelf in geloven. Het is heel moeilijk om normaal te blijven als je nooit wordt gecorrigeerd. Ray ging zich respectloos gedragen. We noemden hem King Ray. Andere mensen zouden dat vervelend vinden, maar hij vond het juist leuk. 'Ja, inderdaad, King Ray, dat ben ik,' zei hij.

Ray mishandelde mij, geestelijk en lichamelijk. Dat was een proces dat zich langzaam ontwikkelde. Vijf jaar lang moest ik aanhoren dat ik alles aan hem te danken had, omdat hij mij er in het begin bij had gehaald. En dat hij als rapper beter was dan ik als zangeres. Het lichamelijke geweld escaleerde ook steeds verder. Tot het zover kwam dat ik me niet meer veilig voelde in zijn buurt, ik kreeg nachtmerries over hem.'

Ray zei dat Anita en hij tijdens hun samenwerking een relatie hadden. De eerste keer dat hij haar zag, in de Amsterdamse discotheek Caribbean, nam hij zich voor: jij bent zo lekker, ik ga jou krijgen. Nu had hij geen contact meer met haar. Hij hoopte wel dat zijn comeback niet een 'flop-back' zou worden, zoals bij Anita.

Met de vrouwtjes deed hij het nu rustig aan. Ray was voor het eerst trouw in zijn relatie. Hij kwam nog in het nieuws nadat Katja Schuurman in het tv-programma *Ranking the Stars* vertelde dat ze verkering met hem had gehad. Ray lachte superieur en zei dat zijn moeder het voor hem had opgenomen.

In de zomer van 2006 beleefde onze vriendschap een dipje. Voor *Nieuwe Revu* schreef ik een dagboek tijdens het WK Voetbal in Duitsland. De eerste bijdrage moest op een zondag worden ingeleverd, terwijl de openingswedstrijd een dag eerder was gespeeld. Dat leverde weinig materiaal op voor een heel dagboek.

Ik dacht: dan vraag ik Ray wat hij vindt van wonen in Duitsland. Zo vul ik het dagboek op en bijna niemand weet dat hij daar nu woont, dat is verrassend. In het dagboek kwam, geheel bij toeval, ook het verschil tussen blanke en donkere vrouwen ter sprake.

Zijn vriendin is half Duits en half Italiaans. Ray houdt wel van gemixte vrouwen, maar niet van donkere negerinnen. 'Bij echte sisters heb ik het idee dat ik het met mijn family doe,' legt hij uit. 'Ze denken te veel aan geld. Als ik mijn vrouw 1000 euro geef, komt ze terug met 500. Een donkere vrouw belt een uur later of je nog 1000 hebt.'

Na publicatie belde Ray in paniek op. Zijn familie had hem zowat verstoten na zijn discriminerende praatjes en wanneer hij door Amsterdam liep had hij het gevoel dat iedereen hem nawees. Hij dacht dat ze allemaal hadden gelezen wat hij had gezegd en dat iedereen over hem praatte. Het kwam doordat hij de tekst niet van tevoren had gelezen. Dat moesten we bij het boek anders doen.

Ik zei dat ik dat prima vond, en trouwens: wanneer zouden we op reis gaan voor het boek?

Daar zou binnen enkele dagen duidelijkheid over zijn. De BET Awards in Atlanta kwamen eraan, alle zwarte Amerikaanse artiesten waren erbij. En wij zouden op de eerste rij zitten.

Ik probeerde Ray te waarschuwen voor de mogelijkheid dat niet veel mensen het boek zouden kopen. Als voorbeeld gebruikte ik een van de boeken die Ray als voorbeeld gebruikte voor zijn boek: de autobiografie van Regilio Tuur. Daar waren er niet veel van verkocht.

Ray vroeg hoe ik hem kon vergelijken met Regilio Tuur. 'Tuur is bekend in Nederland. Ik ben bekend over de hele wereld. Hij maakt een boek over dat hij Marco Borsato ontmoette. Ik ontmoette Michael Jackson.'

Op het boek van Tuur had hij een aanmerking. 'Tuur schreef over het mooiste huwelijkscadeau dat hij kreeg bij zijn bruiloft. Een schaakspel met ivoren schaakstukken. In het boek stond dat hij dat van Marco Borsato kreeg, maar het was van mij. Hij stuurde me nog een kaartje om me te bedanken. Ik weet niet waarom hij dan zegt dat het van Borsato was. Is die interessanter of zo? Niet dat het me iets uitmaakt.'

Het boek zou niet alleen uitkomen in Nederland, maar ook in de rest van Europa, in Noord-Amerika, Zuid-Amerika, en in Azië. Zijn laatste plan was dat het boek tegelijk zou verschijnen met zijn comeback-cd. Ray had altijd gezegd dat hij alleen nog achter de schermen zou werken, het optreden liet hij over aan de jongeren. Na een aanbod voor een tour door Zuid-Amerika besloot hij dat het tijd was voor een comeback.

'Werken met artiesten is leuk en dit en dat,' zei hij. 'Maar ik heb een *history*. Ik ben makkelijker te promoten dan die onbekende *kids*. Ik heb bewezen dat ik kan *sellen*. Ik kan iedere platenbaas ter wereld bellen en morgen heb ik een *meeting*. Ze willen allemaal het nieuwe album horen. Als ik straks weer succes heb, wil iedereen me hebben.'

En toen, na twee jaar, was het eindelijk zover. We zaten in café Kale op het pleintje. Rays moeder liep langs, hij stelde me voor aan zijn vrouw en kinderen en we proostten. We gingen samen op reis. De Zuid-Amerikaanse tour ging door Brazilië, Argentinië en Chili. Ray zou optreden met zijn vriend Snoop Dogg. De data stonden vast, deze keer kon er niets meer tussen komen.

Het enige mogelijke obstakel was mijn nieuwe werkgever. Ik werkte net bij *De Pers op Zaterdag* en mijn hoofdredacteur was er niet zeker van dat een paar duizend euro reiskosten voor een verhaal over Ray Slijngaard een goed idee was. Na een wervende toespraak van mij, contact met een niet te dure Zuid-Amerikaanse fotograaf en een nacht slapen kreeg ik toestemming.

Ik belde Ray om nog één keer te bevestigen, daarna zou ik mijn ticket kopen. Hij nam niet op, maar belde één minuut later terug. Ray zat in een Duitse studio, vandaar de slechte verbinding. Hij wilde me al e-mailen, maar het leek hem beter om het over de telefoon te vertellen.

Ray had besloten om, met het oog op de internationale markt, voor een buitenlandse schrijver te kiezen. Zijn comeback kwam eraan, het beloofde groots te worden. Zo groots dat hij niet eens van plan was om zijn album in Nederland uit te brengen. De Nederlandse markt was te klein en dat akkefietje met Erik de Zwart zat hem nog steeds niet lekker. Ze hadden in Nederland gewoon geen respect voor mensen die iets presteerden in het buitenland. Het werd een geheel buitenlands project, voor Nederland was geen publiciteit nodig. Maar nu moest hij ophangen, want de verbinding was slecht.

Eerst was ik verbaasd, maar de dag erna toch ook een beetje verontwaardigd. Ik stuurde hem een e-mail. Een uur later stuurde hij er een terug.

Robert,
Ik vindt het ook vervelend!
Best regards,
Ray Slijngaard

RTL *Boulevard belt*

R TL *Boulevard* belde. Wat vond je van het nieuwe typetje van Wendy van Dijk?

Even los van de surrealistische ervaring dat RTL *Boulevard* belde om te vragen wat je vond van het nieuwe typetje van Wendy van Dijk: het was geen slechte vraag. Ook
niet een vraag waar je zomaar antwoord op kon geven.

Het nieuwe typetje van Wendy van Dijk heet Dushi.
Lucretia Martina, ook wel Dushi genaamd, is een Antilliaanse weervrouw die zwart en dik is en met een Surinaams accent de hele tijd grappen maakt over Antillianen die lui zijn en niet trouw aan hun vrouw. En dat is dus
Wendy van Dijk, die zelf dun en blond is, in een vermom-
ming.

RTL *Boulevard* belde omdat op GeenStijl.nl een vergelijking werd gemaakt met het boek dat jij had geschreven.

'Maatschappelijke verontwaardiging kan leuk zijn en
"schande!" roepen zijn we altijd voor,' stond er op de website. 'Maar wees dan wel consequent en zit niet alleen te
zeiken als een eliteschrijver een geestige lofzang op dikke
negerinnen uitbrengt.'

Die eliteschrijver, hadden ze bij RTL *Boulevard* gecon-
cludeerd, dat was jij.

'Ook in de lagere maatschappelijke klassen is stigmati-
sering en racisme namelijk aan de orde van de dag,' schre-
ven ze verder op GeenStijl over de Dushi van Wendy van
Dijk.

Over dat – vermeende – racisme waren wat mensen

van Surinaamse afkomst boos geworden. (Waarom zijn het altijd Surinaamse Nederlanders die boos worden over dit soort dingen en nooit Antilliaanse Nederlanders?) Een paar van die mensen waren dezelfde mensen die boos waren geworden over het boek dat jij had geschreven.

Goed. Een paar dagen later was Wendy van Dijk op de televisie. In *De wereld draait door* zat ze aan tafel met Matthijs van Nieuwkerk, Jan Mulder, Jeroen Pauw en Andries Knevel. Wendy van Dijk zat er omdat 2,4 miljoen mensen hadden gekeken naar de eerste aflevering van haar programma met Dushi.

Toen ook nog even werd gevraagd naar de boze mensen, was de communis opinio aan tafel dat die boosheid nergens op sloeg. Er zaten geen slechte bedoelingen bij Wendy van Dijk die zich zwart en dik liet maken en daarna allemaal grapjes vertelde over negers die nooit naar hun werk gingen.

Dit is het probleem. In een blank gezelschap zal exact dezelfde gebeurtenis op een totaal andere manier worden beleefd dan in een zwart gezelschap.

Vijf beroemde Hollanders die aan een tafel 'de mediamaand' bespreken, zien er geen kwaad in als een van die Hollanders *in blackface* grapjes maakt over negers.

In een zwart gezelschap denken ze: hoe kan het dat zij de historische betekenis van blackface niet kennen? En waarom zitten er altijd alleen maar blanke Hollanders aan die tafel om 'de mediamaand' te bespreken? Maken wij geen deel uit van 'de media'?

Het een is niet beter dan het ander. Het is alleen anders. Blanke mensen die zich zwart schminken en daarna grapjes maken over zwarte mensen bedoelen het niet kwaad, misschien is het meer: onwetendheid? Hetzelfde geldt voor zwarte mensen die dan meteen roepen: racisme!

Gran Café

Het was middernacht, dus de ingang van Gran Café werd verplaatst van de voorkant van het gebouw naar de achterkant. Overdag heet het hier, aan de Arena Boulevard naast de Heineken Music Hall, Grand Café Het Vervolg. 's Avonds noemen de bezoekers het Gran Café. Overdag wordt het café bezocht door werknemers van de kantoren die eromheen liggen. Op vrijdag- en zaterdagavond is er disco met een clientèle die in neonletters 'Grand Café Het Vervolg' ziet staan en concludeert dat het hier 'Gran Café' moet heten.

Tot middernacht waren er op vrijdag bezoekers van het type dat overdag in Het Vervolg komt. Tussen twaalf en een werd er 'overgeschakeld', zoals het personeel het noemde. Dat betekende niet alleen het verplaatsen van de ingang van de voorkant naar de achterkant, daar was de metaaldetector waar iedereen doorheen moest lopen – ook werden de drankjes niet langer geserveerd in glazen van glas maar in plastic bekers en veranderde de menukaart van die van een Hollands eetcafé naar het Night Menu.

In de keuken stond na middernacht een Afrikaanse mevrouw die Chicken, Beef of Chicken Wings bereidde voor tien euro en Fried Rice, Fried Yam en Fried Plantain voor vijf euro. Bij het overschakelen hoorde ook de mevrouw die een stoel voor de wc neerzette en een tafel met een papiertje waarop stond dat toiletbezoek vijftig cent kostte. Die mevrouw hield in de gaten dat op de wc's geen verboden activiteiten plaatsvonden. In een Hollandse discotheek zou dat drugsgebruik betekenen. In dit geval ging het niet om drugs, maar om verboden activiteiten tussen mannen en vrouwen.

Om twee uur 's nachts was de overschakeling compleet. In het hele Gran Café was geen blanke bezoeker meer aanwezig, behalve dat ene blonde meisje dat met haar collega was meegekomen en dat andere meisje met bruin haar dat alleen binnenkwam en nu op het balkon stond, een jongen met korte dreadlocks zo dicht tegen haar achterwerk aangedrukt dat ze niet meer kon bewegen. Dat laatste meisje kwam wel vaker alleen.

Het balkon was het drukste deel van Gran Café. Vanaf deze plek kon worden neergekeken op de dansvloer. De flessen Pisang Ambon, geserveerd met vijf plastic glazen en drie blikjes Red Bull, werden in hoog tempo naar boven gebracht. Op het balkon keken de Nederlanders van Surinaamse en Antilliaanse afkomst naar de Afrikanen op de dansvloer. Ze dansten ruw.

Bij de trap stond een vrouw die zei dat ze Shairy heette. Shairy vond het saai in Gran Café. Ze wilde weg. Hier liepen alleen maar grote negers met gouden tanden die vonden dat ze *all that* waren. In die tent om de hoek, Pasion Latina, aan de andere kant van de Heineken Music Hall, daar had je Dominicanen die dachten dat ze alle vrouwen konden krijgen. En wanneer ze naar andere feesten ging, waar meer blanken kwamen, kreeg ze Turken en Marokkanen achter zich aan die in de *dirty business* van hun oom zaten en een keer een negerin wilden neuken.

Shairy liep naar buiten. Misschien stond de snorder die haar had gebracht nog voor de deur. Anders nam ze een nieuwe snorder. Het meisje met het bruine haar en de jongen met de korte dreadlocks liepen ook naar buiten. Dat deden ze langzaam, want tijdens het lopen was de jongen nog steeds zo dicht tegen haar achterwerk aan gedrukt dat ze bijna niet kon bewegen.

De snorder die Shairy had gebracht stond niet meer voor Gran Café. Ze nam een andere, een grijze Honda Civic. De bestuurder was een Afrikaanse man.

Shairy vroeg aan de man die ze had meegenomen uit Gran Café: 'Wat ben jij? Geen Afrikaan toch?'

Ze moest geen Afrikanen, die hadden enge ziektes, en geen Antillianen, met die rare gouden tanden van ze, maar liever ook geen Surinamers, hoewel ze er zelf een was. Of het nou negers waren of koelies of boeroes of Chinezen of Javanen, ze moest ze niet, en Hollanders moest ze al helemaal niet.

De Afrikaanse bestuurder zei niets.

De medepassagier van Shairy, laten we hem Henk noemen, vroeg wat Shairy dan wel moest. Daar wist ze zo snel geen antwoord op te geven.

Na een paar minuten stopte de snorder. Shairy zei: 'Geef jij hem vijf euro.'

Het was in een woonwijk, met laagbouw. Huizen van drie verdiepingen. In de verte kon je flats zien staan. Uit een van de huizen klonk muziek. Harde muziek. Boven de deur hing een bord met neonletters.

Op de begane grond was in de woonkamer een dansvloer gemaakt, met stoelen langs de rand. In een hoek van de kamer was een bar gebouwd. Op de tweede en derde verdieping en op de trappen stonden overal mensen. Sommige deuren stonden open, andere waren dicht.

Shairy wilde bij de bar een djogo kopen, met twee glazen. Ze vertelde wat ze nog meer wilde. Het moest geen player zijn, als hij even onder de douche ging moest hij gewoon zijn telefoon laten liggen en zijn msn open laten staan. Hij moest een goede kok zijn, maar niet te goed, en er goed uitzien, maar niet te goed, dan kreeg hij alleen maar vrouwen achter zich aan. En hij moest serieus zijn en studeren of werken of allebei, en niet te veel uitgaan en feestvieren, daar kwamen alleen maar problemen van.

Het was zes uur. Henk vroeg of Shairy dacht dat ze zo'n man hier zou vinden.

Shairy moest naar de wc. Die was op de derde verdieping. Henk moest mee. De rij stond tot halverwege de trap. Voor ze stonden twee jongens. Ze hadden het over de nieuwe mixtape van Gucci Mane. De ene jongen vond het master. De andere vond het masterlijk. Maar de Nederlandse rapper Kleine Viezerik was ook niet mis.

Henk vroeg hoe lang de discotheek in dit woonhuis nog open bleef. Volgens Shairy was het tot bam. Dat vond Henk te lang, hij wilde naar huis. Shairy zei dat hij dan toch lekker moest gaan.

Bret en ik

Hoewel we binnen zijn, en het buiten regent, draagt Bret Easton Ellis een zonnebril. En een Nike-petje. Hij loopt door de lobby van het Amsterdamse Hotel The Grand en is net begonnen aan het Europese deel van zijn wereldtournee. Morgen vertrekt hij naar Parijs.

De tournee, ter promotie van zijn nieuwe boek dat in Nederland *De Figuranten* heet en in het Engels *Imperial Bedrooms*, duurt langer dan drie maanden. Amerika en Australië heeft hij al gedaan, Europa moet nog.

Het valt moeilijk vast te stellen hoeveel mensen tijdens al die maanden tegen hem zullen zeggen dat ze ook een boek hebben geschreven. En dat het boek in hun eigen land ook reuze controversieel was en dat allemaal mensen boos werden.

'Goedemorgen Bret,' zeg ik maar. 'We gaan naar boven, naar de trouwzaal.'

Bret zegt: '*Let's do it.*'

Ik vertel dat we in een voormalig stadhuis zijn. In de trouwzaal werden vroeger echte huwelijken afgesloten. Bret is onder de indruk.

In de trouwzaal zet hij zijn zonnebril af en ik zeg dat ik ook een boek heb geschreven. Mijn boek was ook reuze controversieel in mijn eigen land en allemaal mensen werden boos. Bret zit er echt op te wachten om alles te horen over mijn boek, maar ik vraag:

Willen ze van u ook altijd weten of uw boek autobiografisch is?

'Dat vragen ze nooit,' zegt hij. 'Mijn personages doen

zulke afschuwelijke dingen dat het onmogelijk autobiografisch kan zijn. Nu pas durf ik toe te geven dat al mijn boeken autobiografisch zijn. Sinds vorig jaar durf ik te vertellen dat Patrick Bateman een autobiografisch personage was. Terwijl ik aan *American Psycho* werkte, leek mijn leven sterk op dat van hem. Ik leefde hetzelfde leven als hij, ging naar dezelfde restaurants en discotheken. Die *lifestyle* gaf me een leeg en boos gevoel. Uit die frustratie kwam *American Psycho* voort. Het was niet zo dat ik prostituees aan het vermoorden was of door Central Park liep met een bijl in mijn hand, maar de woede die ik voelde kwam in dat boek terecht.

Al mijn boeken zijn autobiografisch, het gaat over mijn pijn en eenzaamheid en vervreemding. Het is niet logisch of pragmatisch, ik word niet wakker en denk: vandaag ga ik hier eens een boek over schrijven. Het gaat over de dingen die ik op dat moment voel. Daarom schrijf ik boeken. Ik heb nooit voor een publiek geschreven. Het zijn persoonlijke werken die voor mezelf zijn bedoeld. Ik zou niet weten hoe ik het anders moest doen.'

Vroegen ze na uw eerste boek ook of het over uw eigen jeugd ging?

'*Less Than Zero* ging over kinderen die net van de middelbare school kwamen. Ik schreef het tussen mijn zestiende en mijn twintigste. Toen schreef ik *The Rules of Attraction*, over studenten op een universiteit en daarna *American Psycho*, over iemand van rond de vijfentwintig. Ieder boek staat voor een periode uit mijn eigen leven. Als ze vroegen of *Less Than Zero* over mijn jeugd ging, wilde ik daar altijd omheen draaien. Ik gaf niet het antwoord dat ik had moeten geven, namelijk: ja het was autobiografisch. Ik was niet zo rijk en gedroeg me niet zo extreem als de kinderen uit dat boek, maar de eenzaamheid en de vervreemding was iets dat ik zelf voelde. Het is niet zo dat ik één scène uit mijn boeken kan aanwijzen die echt gebeurd is, ze voelen alleen als een deel van mijn algehele autobiografie.'

Zeiden ze weleens over uw boeken: dit is geen echte literatuur?

'Die mensen zijn niet goed bij hun hoofd. Sommige mensen zullen het vast over mij hebben gezegd, maar het is een oliedomme manier om naar boeken te kijken. Ik weet niet eens wat het betekent, er bestaan geen regels voor wat literatuur is, en of een boek goed is. Als je die regels zou hanteren, mag *Lolita* geen literatuur worden genoemd, of *The Great Gatsby*. Het idee dat zogeheten echte literatuur ingewikkeld zou moeten zijn, of niet voor iedereen toegankelijk, is belachelijk.'

Vond u het na Less Than Zero *lastig om iedere dag de vraag te moeten horen wanneer uw tweede boek uit zou komen?*

'Nee. Ik zie het niet als een carrière of een baan. Schrijven is een hobby, iets wat ik leuk vind om te doen. Ik voel geen druk om een boek te leveren aan mijn uitgever of aan een publiek. Een boek kan ik niet afdwingen, ik moet het voelen om het te kunnen schrijven. Ik had gewild dat ik meer boeken had gevoeld, ik heb er weinig gepubliceerd. Zes boeken in meer dan vijfentwintig jaar is niet veel.'

Waarom doet u er zo lang over?

'Ik weet het niet.' Hij moet zuchten. 'Ik ben zo langzaam. Als ik een idee heb, denk ik er eerst een jaar over na, of twee jaar, zodat ik zeker weet dat dit het boek is dat ik wil schrijven. Hoe ga ik het doen, hoe ga ik het schrijven, wie is de verteller? Ik maak een *outline* – een emotioneel proces dat meer dan de helft van de tijd die ik aan het boek werk in beslag neemt. Daarna komt een slordige eerste versie van het boek met allemaal aantekeningen ertussen. In het tweede deel van het schrijfproces komt de koele technicus tevoorschijn die van het emotionele verhaal een echt boek maakt. Het schrijven zelf duurt niet lang, vergeleken bij het voorbereidingswerk.

Ik houd van rommelen met de woorden. *Imperial Bedrooms* is mijn kortste boek, het is dun. Met het schrijven heb ik drie jaar gespeeld. Ondertussen werkte ik aan andere projecten maar *Imperial Bedrooms* was er altijd. Naar alinea's kijken en woorden veranderen, en vooral: hoe kan ik het korter maken? Kan ik dit met minder woorden doen? Ik wilde dat het boek zo minimaal en kaal mogelijk was.

Ik deed oefensessies met de stem van de verteller. Waar let hij op en waar niet op? Hoe zou hij dit verhaal vertellen? Hoe Clay het verhaal vertelt in *Imperial Bedrooms* zal verschillen van de manier waarop Victor Ward dat deed in *Glamorama* of Patrick Bateman in *American Psycho* of de Bret Easton Ellis uit *Lunar Park*. Als ik heb vastgesteld wie de verteller is, weet ik ook wat het verhaal zal zijn.'

Had u veel literaire groupies?

Hij kijkt met een blik die ze intens noemen en zegt: 'Ja.'

Waren het mannen of vrouwen?

Met dezelfde intensiteit: 'Allebei. Ik was jong en zag er goed uit. Het waren er vrij veel zelfs, ik had er meer gebruik van moeten maken.'

Hoe ontmoetten ze u?

'Op feesten, in discotheken, op straat, in het park of de sportschool. Overal. Mensen denken dat ik me verstopte, maar ik was gewoon op straat. Ik was naar New York verhuisd. Je kon me overal ontmoeten, ik was benaderbaar.'

Wat zegt u als mensen vragen of u homo of hetero bent?

'Dat ik terug in de kast ben. Ik heb beide antwoorden uitgeprobeerd. Nu zit ik in een fase dat ik helemaal in de kast ben. Ik vertel mensen dat ik geen homo ben en niets met ze te maken heb.'

Het kan weer veranderen?

'Misschien vanmiddag al.'

Wat is het verschil tussen mannelijke en vrouwelijke groupies?

'Het woord groupies heeft een seksuele suggestie. Het gaat vaak over seks, vaak ook niet. De mannen waren meestal jongens die schrijver wilden worden. Ze wilden in de nabijheid verkeren van iemand die op jonge leeftijd het succes had gehad dat zij zelf ook graag zouden bereiken.'
Hij schrikt en vraagt: 'Klink ik nu als iemand die oud is? Een oude schrijver met zijn memoires. Oh, ik was een schrijver, in New York, het was 1986.'
Hoort u bij een groep?

'Ik voel me nergens bij horen. Het is eenzaam. Ik zit in mijn eentje op een planeet, in Amerika ken ik niemand die op dezelfde planeet zit. Over Chuck Palahniuk en Douglas Coupland zeggen ze dat ze op mijn planeet zitten, ik ken ze allebei goed, maar ik voel niet dat ze bij mij horen. Ik word ingedeeld in een klein wereldje in mijn eentje. Dat zeg ik niet omdat ik zo speciaal zou zijn, ze weten gewoon niet waar ze me moeten plaatsen, of ze mijn werk nu goed vinden of juist niet. Ik voel geen verbondenheid met andere Amerikaanse schrijvers, zelfs niet met die van mijn eigen generatie. Ik vind Jonathan Franzen, Michael Chabon en Jonathan Letham goede schrijvers en ik ken ze persoonlijk, maar als ik zoek naar iemand die doet wat ik doe, kan ik ze niet vinden. Het enige dat je zou kunnen zeggen is dat je twee verschillende soorten schrijvers hebt. Mensen die werken vanuit hun gevoel en schrijvers die het voor hun werk doen. James Patterson schrijft ieder jaar een boek. Ik heb er nooit een gelezen, hij is er vast goed in en hij is succesvol, maar hij heeft geen *The Corrections* in zich.'
Wat moet een schrijver doen als na één boek meer boeken worden verwacht?

'Waar komen al die regels vandaan? Sommige schrijvers hebben één boek in zich. *Great.* Daarna gaan ze iets anders doen, huizen verkopen of een stomerij openen. Regels bestaan niet. Na het succes van mijn eerste boek voelde ik geen druk om met een nieuwe bestseller te komen. Het emotionele einde van *Lunar Park* – toen iedereen zei: dit is een nieuwe Bret Easton Ellis, met emoties – zorgde niet voor een verplichting om daarmee door te gaan. Ik denk dat ik tijdens het schrijven die emotionaliteit voelde, maar ik ging, boem, door naar het harde minimalisme van *Imperial Bedrooms*. Achter een loopbaan zit geen logica of strategie. Ik moet lachen als ik mensen hoor praten over een geplande carrière en de regels die ze moeten volgen en de boeken die ze moeten schrijven. Zo werkt het niet. Je moet niet luisteren naar mensen die regeltjes hanteren over boeken.

In Amerika bestaan geen hoge voorschotten meer, je kunt niet zeggen: ik schrijf een boek en verdien daar veel geld mee. Je kunt schrijven, maar verwacht niet er geld mee te verdienen, dat is een cruciale denkfout. Als je geld wilt hebben moet je iets anders doen. Dat werkte misschien zo in de tijden van het Empire. Maar het Empire is voorbij, we leven nu in een andere wereld, in de post-Empire tijd.'

Met het Empire bedoelt u de Verenigde Staten?

'Ja, het American Empire. Het begin van het einde was op 11 september, het evenement dat het begin van de neergang symboliseerde. We hebben een jaar of vijf geprobeerd om door te gaan zoals het daarvoor ging. Het officiële einde van het Empire was de verkiezing van Obama.'

Hij zegt het plechtig: 'De economie is ingestort, er kwam een einde aan de *luxury decades* van Amerika.' Dan moet hij lachen: 'Het is maar een mening, dit is mijn kleine grapje, hier schrijf ik graag Twitterberichten over.'

Zijn manier van werken sluit niet goed aan bij het post-Empire tijdperk. 'Ieder boek komt voort uit de emoties die ik op dat moment voel. Mijn pijn verandert in woede en die woede wordt in een roman verwerkt. Ze komen niet makkelijk van de lopende band af. Mijn uitgever zou vast graag willen dat ik om het jaar een boek uitbreng, zoals mijn collega's doen. Eerst de hardcover, dan de paperback en dan weer een nieuw boek.'

Hij bedenkt zich: 'Hardcover, paperback, dat klinkt zo Empire. Ik koop tegenwoordig boeken door een druk op de knop en ze verschijnen op mijn iPad-scherm. Het is een andere wereld.'

Tijdens de tournee heeft hij aangekondigd dat *Imperial Bedrooms* zijn laatste boek zal zijn. Hij beweert dat hij geen boeken meer in zich heeft. '*Glamorama* is het boek waar ik het langste en meest intensief aan heb gewerkt. Toen was ik een dertiger. Ik denk niet dat ik ooit nog zoveel energie in een boek kan steken. Het was het dikste boek dat ik heb geschreven, ik heb er het langste over gedaan en ik vind het mijn beste boek.'

Meent u dat nou?

'Ik ben de schrijver van mijn boeken, dus ik mag het beslissen, denk ik.'

Bent u een eenzame man?

'Ik ben vaak alleen, daar ben ik goed in. Maar in vriendschappen en relaties kan ik ook zielig en behoevend zijn. Het is een aantrekkelijke combinatie hè, eenzaam en zielig?'

Bent u een intellectueel?

'Nee. Ik heb nooit lange stukken geschreven over ingewikkelde onderwerpen. Ik ben er niet verdrietig over, ik ben gewoon geen intellectueel. Mijn zelfvertrouwen is laag. Maar ik heb goede overlevingsinstincten, dat leer je als kind van een alcoholist.'

Waarom zijn al uw boeken zo paranoïde?

'Het begon toen ik eenentwintig was, na *Less Than Zero*,

en het werd steeds erger. In een bepaalde wereld werd ik een bekend persoon, ik kon situaties moeilijk beoordelen. Wilden mensen bevriend met me zijn of wilden ze me gebruiken? Vinden ze me echt aardig of willen ze alleen de *vip-lounge* in komen? De wereld werd een vreemde plek waar ik alles moest decoderen, het maakte me paranoïde. Toen verscheen *American Psycho* en kreeg ik doodsbedreigingen.

Het was moeilijk om te wennen aan de dood van Bret Ellis, die werd vervangen door het merk Bret Easton Ellis. In *Glamorama* probeerde ik daarmee af te rekenen. Het ging over een jongen die werd vervangen door een andere jongen, georganiseerd door zijn eigen vader. Ik blijf een schrijver met grote *daddy issues*. De paranoia kwam terug in *Imperial Bedrooms* omdat ik was verhuisd naar Los Angeles. Ik kwam terecht in de filmbusiness en besefte weer dat iedereen altijd liegt. Het is een code waar je aan moet wennen, het liegen is een aparte taal, alleen wist ik dat niet omdat ik nooit echt in Hollywood had gewerkt. Ik had alleen van ver weg, uit New York, wel eens een script opgestuurd.

Ik was steeds bezig met het merk. Het merk Bret Easton Ellis werd wie ik ben. Bret Easton Ellis heeft niets met mij te maken. De echte Bret Ellis zit in zijn korte broek in zijn appartement pizza te eten met zijn vrienden. Die persoon, die ik in het echt dus ben, bestaat niet als het gaat om de publieke Bret Easton Ellis. Bij hem komt een hele lijst aan associaties los: cocaïne, biseksualiteit, discotheken, moordpartijen, vampieren, *whatever*. Al die dingen komen wel in mij samen als ik aan het schrijven ben, het is interessant om naar die duistere kant te gaan, maar ik ben zelf niet zo.

Bret Easton Ellis is de persoon over wie het gaat als ik mezelf google, wat ik natuurlijk iedere dag doe. Ik zie mensen twitteren: oh man, ik heb echt een Bret Easton Ellis-achtige avond gehad. Dan denk ik: wat hebben ze gedaan, hebben ze thuis op de bank naar *Jersey Shore* zitten kijken? Dat is namelijk wat ik deed toen ik zag dat iemand dat had getwitterd. Of ze schrijven: ik heb iemand ontmoet die lijkt op een personage uit een boek van Bret Easton Ellis. Ik snap ongeveer wat ze bedoelen, maar dat is niet wie ik ben. Het is het collectieve idee dat is ontstaan: als jij dat soort boeken schrijft, moet je zo zijn.'

Hoe kwam u erop om Easton aan uw naam toe te voegen?

'Het is mijn tweede naam, zo staat het in mijn paspoort. Toen ik een jonge pretentieuze schrijver was, vond ik het goed klinken. Op de universiteit begon ik mezelf Bret Easton Ellis te noemen, ik vond dat het klonk als een schrijver. Alleen Bret Ellis was te saai. Ik denk dat het slim was, ik was meer *savvy* dan ik dacht en misschien ambitieuzer. De naam Bret Easton Ellis heeft een bepaalde grandeur die Bret Ellis niet heeft. Ik vraag me vaak af of mijn loopbaan anders was verlopen als ik Easton er niet tussen had gezet. Mijn professor raadde me aan om mijn boek niet in te sturen met Easton erbij, dat was te aanstellerig. Gelukkig heb ik niet naar hem geluisterd. Hij wilde ook dat ik mijn eerste boek niet *Less Than Zero* zou noemen maar *Winter Vacation*. Ik denk dat ik slimmer was dan mensen dachten.'

Houdt u van de manier waarop de personages in uw boeken leven of veroordeelt u ze?

'Allebei. Je kunt het op twee manieren lezen. Ik ben niet religieus en geen moralist. Iemand moet het beschrijven en dat ben ik dan maar. Ik ben geïnteresseerd in die lifestyle, ik sta niet op een ladder boven de andere mensen. Ik ben net zo schuldig als de rest.'

Een mevrouw begint te gebaren dat Bret weg moet. Hij zet zijn zonnebril op, verlaat de trouwzaal en vraagt: '*How was it for you?*'

Curasoa

Het was tijdens de sneeuwstorm aan het einde van 2009. In de dagen dat je, ook met de auto, nauwelijks over straat kon. Een mooi moment voor je verkering om te zeggen: 'Mijn vliezen zijn gebroken, we moeten naar het ziekenhuis.'

Het was pas over twee weken uitgerekend. Je wilde nog dat ene boek uitlezen, je wilde die dvd bekijken. Je had een heel schema in je hoofd van dingen waar je eindelijk de tijd voor had. Er waren vrije dagen tot het kind geboren zou worden. Daarna zou er niets meer van terechtkomen.

Het liep anders. Het werd een nachtelijke tocht naar het ziekenhuis. Niemand was op straat. Alleen een paar andere auto's met mensen die zulke dringende bezigheden hadden dat ze om vier uur 's nachts stapvoets door de sneeuw wilden rijden.

In het ziekenhuis wilden je verkering en jij direct tot actie overgaan. Daar dachten ze in het ziekenhuis anders over. De vliezen waren gebroken, maar de weeën nog niet begonnen. Je verkering mocht wat slapen. In een ziekenhuisbed. Voor jou was er geen bed. Je kon kiezen: stapvoets door de sneeuw terug naar huis rijden of wachten.

De geboorte vond plaats in het AMC. In een ziekenhuis komen patiënten van overal, maar vooral ook patiënten die uit de buurt komen. In de verlaten wachtkamer van het AMC werd gediscussieerd. Het ging over Curasoa's. Dat zijn mensen die op Curaçao soa's verspreiden. Uiteraard zijn dat niet de oorspronkelijke bewoners van het mooie eiland, van wie er een paar hier in discussie gingen, het waren die Hollandse stagiairs.

Ze wilden hun stage doorbrengen op een tropisch eiland, maar studeren, ho maar. De Curasoa's wilden alleen maar feestvieren met de plaatselijke dames van plezier. Het spreekt voor zich dat dit geen autochtone dames waren, maar Dominicaanse, Venezolaanse, Colombiaanse en andere dames uit de nabije omgeving. Ze verpestten het voor de rest van het eiland met al die soa's die ze kwamen brengen.

Ook werd er gediscussieerd over Michael Jackson. Hoe was het toch mogelijk dat uitgerekend de man die ervoor had gezorgd dat de zwarte muziek voor het eerst aansloeg bij witte luisteraars van over de hele wereld, dat juist die trotse zwarte man zijn huid wit wilde verven? Ze kwamen er niet uit in de verlaten wachtkamer van het AMC.

Jij moest denken aan Simon & Garfunkel. Wat voor de mensen in de wachtkamer Michael Jackson was, dat was voor jou Simon & Garfunkel. De muziek van jouw mensen. Je herkende je erin, het voelde als thuis. Het ontroerde je. Hoewel je zelf vrijwel uitsluitend luisterde naar de muziek die ze R&B noemen, en hiphop – wanneer je weer een keer Simon & Garfunkel hoorde, wist je: dit voelt als thuis. Je moeder komt bijna uit hetzelfde deel van New York. Zoals Simon & Garfunkel zijn, zo ben jij ook.

Je vroeg je af: mijn zoon die zo geboren gaat worden, zal die zich op dezelfde manier thuisvoelen bij Simon & Garfunkel? Zijn moeder komt niet uit New York en ook niet uit Curaçao, maar uit dat andere voormalige overzeese gebied van Nederland, die op het vasteland van Zuid-Amerika. Zal hij zich meer thuis voelen bij haar mensen of bij die van jou? En is dat belangrijk? Toen was het ochtend. De weeën waren begonnen.

Wenen

In de maanden voordat het gebeurt denk je weleens: wat zul je doen wanneer het kind wordt geboren? Zul je wenen van ontroering? Maar wanneer het gebeurt, ben je te drukbezet om te wenen van ontroering. Er wordt namelijk een kind geboren.

Het was een zoon, uiteraard. Mannen die zonen krijgen, vinden dat stoere kerels uitsluitend zonen krijgen. Hij had het koud, zijn temperatuur was te laag en hij was een beetje ziek. Ze zeiden dat hij een week moest blijven. In het AMC hadden ze alleen geen plaats, hij moest door de sneeuwstorm in een ambulance naar het Slotervaartziekenhuis worden getransporteerd. Volgens de mensen in het AMC had je nog geluk gehad. Vaak genoeg worden pasgeboren baby's wegens plaatsgebrek naar ziekenhuizen in Duitsland gebracht.

In het AMC werd de wachtkamer bevolkt door mensen die oorspronkelijk uit Curaçao komen, in het Slotervaartziekenhuis zaten groepen zwijgende mannen van Noord-Afrikaanse afkomst. Ook heeft het Slotervaartziekenhuis de uitstraling van een hospitaal in, laten we zeggen, het Oostblok van de jaren zeventig.

Goed. Je zag dus voor het eerst je kind. Het eerste waar je naar kijkt, het is niet onbelangrijk: lijkt hij op mij? Ja, hij leek op jou. De ouders van zijn moeder komen uit Suriname. Je was al bang dat zij, met die sterke donkere genen, jouw inbreng bij het bepalen van het uiterlijk geheel zou elimineren. Zoals je weleens ziet bij deze combinatie: het is duidelijk dat één van de ouders blank is, dat heeft ervoor gezorgd dat het kind een lichtere kopie is van de donkere ouder. Niet dat er iets mis is met haar genen. Maar je wilt toch dat je kind ook op jou lijkt.

Dan de vraag: hou je meteen van hem? Natuurlijk hou je meteen van hem, zo veel als je kunt houden van iemand die je een uur geleden voor het eerst hebt ontmoet. De moeder houdt al zielsveel van hem, die heeft in haar buik al kennis met hem gemaakt. Ze heeft een voorsprong.

Wanneer je een zoon krijgt terwijl je uit een vorige relatie al een zoon hebt, zijn er vragen. Hoe vindt je oudere zoon, hij is drie, het om een broertje te krijgen die een andere moeder heeft? Hoe kun je ze allebei zoveel mogelijk aandacht geven? Wat moet je doen als je je schuldig voelt tegenover je oudere zoon omdat je niet zo veel tijd met hem door kunt brengen als met je nieuwe zoon?

Toevallig had de moeder van je oudere zoon juist wat video-opnamen van hem op een dvd laten zetten. Een van de filmpjes was van zijn eerste verjaardag. Jullie waren nog samen, je woonde in hetzelfde huis als je oudere zoon. En toen begon het wenen.

Een reis naar Suriname

An het begin van de lunch zegt de ambassadeur: 'Ik trek mijn jasje uit, hoor.' Niet dat het is gebaseerd op eerdere ervaringen met lunches in het gezelschap van ambassadeurs, maar ik vermoed dat dit voor mij het signaal is om ook mijn jasje uit te trekken.

Uiteraard is er airconditioning aanwezig in het deftige restaurant waar de ambassadeur op de lunch trakteert, Spice Quest, even buiten het centrum van Paramaribo, maar toch: zonder jasje is het comfortabeler.

Daarna zegt de ambassadeur: 'Noem me Aart.'

En nadat hij met u is aangesproken: 'Zeg maar je.'

Aart Jacobi is sinds augustus 2009 de Nederlandse ambassadeur in Suriname.

Het idee om een debuutroman te schrijven ontstond jaren geleden. In *Alleen maar nette mensen* moest het onderwerp dat ze de multiculturele samenleving noemen op een andere manier worden beschreven dan meestal gebeurde. Rauwer. En puurder en realistischer. De verwarring die in Nederland heerst over de multiculturele samenleving moest samenkomen in een verwarde hoofdpersoon die naarmate het boek vorderde steeds meer verwarde activiteiten zou ondernemen. De hoofdrolspeler deed versierpogingen op de kraamafdeling van het AMC en de kelderbox-seksscène met meerdere deelnemers werd geïntroduceerd in de vaderlandse literatuur.

Tijdens het schrijven van die scènes dacht ik niet vaak aan de mogelijkheid dat een Nederlandse ambassadeur een paar jaar later een invitatie zou doen uitgaan voor de lunch. De ambassadeur vertelt dat hij was geraakt door de beschrijving van hoe het voelt om een minderheid te zijn in Nederland. Hij trakteert op eend en markoesasap met ijsblokjes.

Een dag eerder, in een ander deel van Paramaribo, ook in de buurt van het centrum maar net even anders dan in het restaurant van de ambassadeur.

De leerlingen van het Surinaams Pedagogisch Instituut (het SPI), zijn zwart, in de zin van creools, en het zijn vrouwen. Dat laatste is geen uitzondering. Jongens houden niet altijd van doorstuderen. Soms willen ze liever de school verlaten om te beginnen aan 'het leven'.

Het is negen uur 's ochtends en het is warm. Zo warm dat onder bomen wordt geschuild voor de zon. Dat is niet het enige verschil met een Nederlandse school. Het is negen uur 's ochtends en veel studenten zitten niet in een klaslokaal. Ze staan buiten en kopen eten en drinken dat wordt verhandeld vanuit een auto.

De studenten van het SPI doen mee aan De Inktaap. De Inktaap is een literaire prijs die wordt uitgereikt door scholieren uit het Nederlandse taalgebied, oftewel: Nederland, Vlaanderen en Suriname. Uit de drie grote literaire prijzen van Nederland (de AKO-prijs en de Libris Literatuurprijs) en België (De Gouden Uil) kiezen zij het boek dat ze het beste vinden. Bij de prijsuitreiking komen honderden Nederlandse en Belgische leerlingen bij elkaar. Het doel van de reis luidt: ook Surinaamse scholieren bij de prijs betrekken door, voor de eerste keer, een genomineerde auteur de deelnemende Surinaamse scholen te laten bezoeken.

Buiten de school staat een lokaal dat zo werd gebouwd

dat het half open is, niet gesloten door muren. Daar hebben zich ongeveer honderdvijftig leerlingen verzameld. Voordat ze vragen mogen stellen over het boek, worden twee toneelstukken opgevoerd waarin het verhaal van *Alleen maar nette mensen* wordt uitgebeeld.

Het is aan de andere kant van de wereld. De omgeving van het open klaslokaal doet in niets denken aan de omgeving waarin het boek zich afspeelt. En aan de omgeving waarin het boek is geschreven. Zonder, hopelijk, al te pathetisch te worden: het was ontroerend. Jonge mensen aan de andere kant van de wereld die een, laten we zeggen, ander leven leiden dan de schrijver van het boek, maar zich er zo door laten inspireren dat ze een toneelstuk spelen dat, wat zijn de juiste woorden: hartverwarmend is, en komisch, maar tegelijk tragisch en aangrijpend.

Nog meer hoogtepunten.

De meer dan honderd leerlingen van Scholengemeenschap Lelydorp, halverwege Paramaribo en vliegveld Zanderij, die zich verzamelen in een klein klaslokaal en dezelfde ontroering teweegbrengen als de studentes van het SPI. Vooral Leandro Pinas, die ongeveer achtentwintig vragen stelt. 'U bent toch joods?' vraagt hij. 'Maar u bent blank, hoe kan dat?' In Suriname hebben de joden zich zoveel vermengd dat Leandro Pinas niet op de hoogte is van het bestaan van blanke joden. Ook mooi is het moment waarop de leerlingen beginnen te juichen als ik vertel dat ik zojuist een kind heb gekregen met mijn Nederlandse verkering van Surinaamse afkomst – hij zegt niet alleen dat hij van ze houdt, hij gaat ook tot actie over.

Alle Surinamers die terloops laten weten dat ze ook een tijdje in Nederland hebben gewoond, het is een statussymbool.

De samenstelling van de gasten bij de talkshow *Panorama*, de Surinaamse versie van *Pauw & Witteman*. De twee presentatoren ontvangen een mevrouw uit de gezondheidszorg die graag minister of nog liever minister-president wil worden, een meneer die zich bezighoudt met thuiszorg, een jonge aantrekkelijke tv-presentatrice die vroeger in Nederland verkeerde met een Ajax-voetballer en nu komt vertellen hoe ze een keer per week voorleest op een school, en ik. De samenstelling is het Surinaamse spiegelbeeld van de Nederlandse variant: behalve ik is iedereen aan tafel zwart. Het einde van de uitzending is spectaculair. Al het licht valt uit en in het donker wensen de presentators de kijkers een prettige avond.

De vanzelfsprekendheid waarmee ik binnen een paar uur na aankomst twee bekende Surinamers tegenkom, van wie ik wist dat ze in Paramaribo wonen, maar ik had niet verwacht ze zo snel tegen het lijf te lopen. Het is een kleine stad. Actrice Helen Kamperveen, die zich voor de verfilming van *Alleen maar nette mensen* aanmeldt voor de rol van Rowanda. Rowanda is in Paramaribo het meest geliefde personage uit het boek. De tweede bekende Surinamer is filmlegende Pim de la Parra, die na vijf minuten vraagt om mijn e-mailadres en belooft niet direct allerlei berichten door te sturen. Een uur later arriveert zijn nieuwsbrief, de eerste van vele dagelijkse nieuwsbrieven.

Ten slotte: de vragen. De eerste keer dat Surinamers hoorden over *Alleen maar nette mensen* was toen een paar voormalige landgenoten in Nederland zich boos maakten over de inhoud van het boek. Ze werden gebeld en gemaild: lees dat boek.

Nu zeggen ze: 'Ja, er staan stereotypen in het boek. Maar dat is waar het boek over gaat.'

Ze vragen: 'Ik ging het lezen, ik wilde me mengen in

het debat, maar waar zijn die stukken die me zo boos moeten maken?'

En ze vragen: 'Wanneer komt u naar Suriname om een boek te schrijven over Surinamers in Suriname?'

Ze stelden nog veel meer vragen. Suriname is een land waar het licht weleens uitvalt tijdens een tv-uitzending. Het is een land waar scholieren om negen uur 's ochtends weleens niet in de klas zitten maar buiten in de zon onder een boom staan.

Maar het is ook een land waar in het centrum van de hoofdstad een grote moskee is gebouwd op een paar meter afstand van een grote synagoge. Het is een land waar mensen van over de hele wereld met elkaar samenleven op een manier die in Nederland niet voorstelbaar is. Het is een land waar, en nu stoppen we echt voordat het te zoetsappig wordt, we in Nederland nog iets van kunnen leren.

Complot

Het was bij de kapper. Zijn kapsalon lag in de buurt van de Albert Cuypmarkt en zijn ouders kwamen oorspronkelijk uit Marokko. Dat betekende dat hij klanten van overal in de zaak kreeg. Niet alleen Hollanders lieten zich er knippen, ook de mensen die ze allochtonen noemen. Zelfs vrouwen met kroeshaar vertrouwden hun kapsel aan hem toe.

Een kapper doet zijn werk nooit zwijgend. Hij knipte je haar – dat iedere keer grijzer wordt, maar ja, je wilt niet zo'n man worden die zijn haar zwart verft – en het ging erover dat niemand meer leest. Vroeger, tot een paar maanden geleden, lazen mensen die in de tram zaten de krant, of een boek. Nu speelt iedereen met zijn telefoon.

Je vroeg of de kapper Ab & Sal kende.

Natuurlijk kende hij die. Iedere Nederlander van wie de ouders uit Marokko komen, kent Ab & Sal. Je hebt Najib Amhali en je hebt Ab & Sal. Al zijn die wat scherper naar de Hollanders toe dan Najib Amhali.

De show van Ab & Sal wordt door de NPS uitgezonden op de televisie, maar de kapper kende hun filmpjes van YouTube. Hij keek ze met de familie en dan lachten ze zich helemaal gek.

Toen Salaheddine, oftewel Sal, met zijn stand-upcomedy-programma in het theater stond, wilde hij iets doen tegen de 'verkazing'. Vrouwelijke bezoekers kregen van hem de mogelijkheid om apart te zitten van de mannen, als ze dat wilden vanuit hun islamitische geloof. Er waren mensen die vonden dat zoiets niet kon in een Nederlands theater.

Het was deze Salaheddine, in zijn creatie van Moussie el Kandoussie, de Marokkaanse straatjongen, die jou zou interviewen voor het nieuwe televisieseizoen van Ab & Sal. Onder je vrienden van wie de ouders niet uit Marokko komen, was er niemand die ooit had gehoord van Ab & Sal, maar de kapper was onder de indruk van dit wapenfeit.

Het interview vond plaats in The Shisha Lounge, een loungebar in de Van Woustraat waar waterpijpen worden geserveerd, en non-alcoholische frisdrank. Waterpijpen worden de nieuwe trend in het uitgaan, aldus de eigenaar van The Shisha Lounge. De waterpijpen worden gevuld met diverse smaken en kosten zeven euro vijftig. Dat is goed voor drie kwartier rookplezier.

Moussie was gekleed in badslippers en een trainingsbroek van Feyenoord, hij is een Rotterdamse straatmarokkaan. Op zijn hoofd droeg hij een petje van Nike. Een van de eerste vragen van Moussie luidde: 'Als joden onder elkaar zijn, en er is niemand van buiten bij, dan praten ze toch over hoe slecht Marokkanen zijn?'

En hij vroeg hoe het kwam dat joden achter de schermen alle macht in handen hadden, waarom ze allemaal miljonairs waren, hoe het zo was gekomen dat ze de media controleerden, of ze elkaar allemaal kenden en vooral, steeds opnieuw, vroeg Moussie naar de geheime kwade complotten die joden smeedden tegen de wereld in het algemeen en de Marokkanen in het bijzonder.

Je kon niet meer dan verbaasd antwoorden dat jij nooit had gehoord van die complotten, of het moest zijn dat de joden jou als enige daarvan hadden buitengesloten.

Na afloop van het interview vertelde Salaheddine dat

hij zelf wel beter wist, maar dat hij al die vragen stelde in zijn rol van Moussie. Die twee zaken moest je niet door elkaar halen. Salaheddine en jij gaven elkaar een hand en hij zei: 'We komen elkaar vast nog wel een keer tegen.'

Moncler

Het meisje met het zwarte hoofddoekje droeg een zwarte jas van het merk Redskins, haar zwarte spijkerbroek was van Replay. Ze zette de Bugaboo, volledig met rood bekleed, waar haar baby in lag even opzij. Anders kon ze dat gruwelijke blauwe Dolce & Gabbana-glittertruitje niet pakken. En de Replay-broek op de plank erboven, net even anders dan haar eigen broek, die vond ze ook dodelijk.

Naast het meisje met het zwarte hoofddoekje stonden twee jongens met kort zwart haar. Ze hoorden niet bij haar. De jongens praatten met elkaar in een taal die niet Nederlands was. Tot een van de jongens zijn schouders ophaalde en uitlegde, in het Nederlands: 'Medeplichtig, ouwe.'

Ze stonden dicht bij elkaar. Iedereen stond dicht bij elkaar, in het deel van de winkel van Tip de Bruin dat op de hoek zit van de Nieuwendijk en de Nieuwezijds Armsteeg.

Het was niet het grootste deel van de winkel en er waren veel klanten. Die klanten zagen er, net als het personeel, uit alsof hun ouders uit Noord-Afrika kwamen. Of het waren blonde jongens die er, door hun kledingkeuze, graag uit wilden zien alsof ze oorspronkelijk uit Marokko kwamen.

In het andere deel van de winkel, verderop de Nieuwendijk in, werden de kostuums verkocht. In de etalage hingen witte zomerkostuums. Die van Versace kostte

98

vierhonderd euro, die van Armani was 537,50. Maar het gedeelte van de winkel waar het, normaal gesproken, natuurlijk om draaide, lag in het midden. Dat was waar de jassen van Moncler hingen. Jassen van Moncler zijn het belangrijkste statussymbool onder jongens van wie de ouders uit Marokko komen.

Het vreemde aan Moncler is dat het een statussymbool vormt voor twee bevolkingsgroepen: Marokkaanse jongens en geblondeerde vrouwen die veel onder de zonnebank liggen. Aan het logo op de linkermouw, met de M die tegelijkertijd twee bergtoppen kan voorstellen, ziet iedereen direct: Moncler.

De jassen worden gemaakt in Italië en de meest begerenswaardige varianten hebben een kraag waar bont op zit. Ze kosten ongeveer achthonderd euro per stuk.

Er is één probleem met de jassen van Moncler: het moeten winterjassen zijn en die worden in januari niet verkocht bij Tip de Bruin. In de middelste winkel hing wel een aantal jassen van Moncler, maar dat waren zomerjassen, in het blauw en in het zwart. Ze kostten vierhonderd of 440 euro. Een beetje weinig voor een statussymbool. Waar de Moncler-jassen hingen, stond bijna niemand.

In de zomer, wanneer de wintercollectie wordt verkocht, is het een gekkenhuis in de buurt van Moncler-jassen. In de meeste winkels zijn ze met een beveiligingssysteem aan de muur vastgemaakt en mogen ze uitsluitend onder begeleiding van winkelpersoneel worden gepast. Moncler-jassen zijn het meest gestolen kledingstuk dat er bestaat.

In de etalage van de middelste winkel hing een jas van het merk Iceberg in de aanbieding. Van 615 voor driehonderd euro. Waardeloos voor een statussymbool. In de winkel op de hoek hingen jassen van Nickelson met vijftig procent korting. Lachwekkend.

Moncler-jassen worden nooit met korting in de aanbieding gedaan. Het moest snel weer zomer worden, dan arriveerden de nieuwe Monclers met bontkraag.

Buitenwijk

In jouw wereld bestaan dus zaken die taboe zijn. De wereld waar jij uit komt is die van de verantwoorde, belezen, bereisde, tolerante en zogenaamd intellectuele mensen die in Amsterdam-Zuid wonen. Of in het centrum natuurlijk. Bepaalde delen van de Watergraafsmeer of de Oostelijke eilanden zijn ook toegestaan.

Een paar taboezaken.

Je vindt R. Kelly de meest briljante muzikant van de twintigste eeuw. Ook van de eenentwintigste.

Je bent bijna veertig en draagt – bij wijze van imaginair fashion statement, maar misschien ook omdat je een klein kind bent – uitsluitend witte sportschoenen, die je om de paar weken in de wasmachine doet.

Je rijdt in een grote Cadillac met lederen bekleding en glimmende sportvelgen. In jouw wereld wordt het gezien als patserig en smakeloos. Ook wel: sneu. In een Cadillac rijden met lederen bekleding en glimmende sportvelgen, dat doe je gewoon niet. Op de snelweg heb je gemerkt dat Cadillacrijders elkaar vriendelijk toeknikken. Zonder uitzondering zijn jouw nieuwe vrienden de grootste proleten die je ooit hebt gezien.

Je woont, dankzij een scheiding, sinds twee jaar bij je moeder op zolder, wanneer je in Amsterdam slaapt. Omdat het zo handig is dat je oudste zoon twee straten verder woont. Al zouden ze in ieder milieu tegen een man van bijna veertig kunnen zeggen: bij je moeder op zolder wonen, dat doe je gewoon niet.

Dan het grootste taboe. De kwestie die de hevigste reacties veroorzaakt in Amsterdam. Dit is het probleem: de moeder van je pasgeboren jongste zoon woont in Almere. Zonder file is het minder dan een half uur rijden vanuit Amsterdam-Zuid. In een middengrote Amerikaanse stad, laten we zeggen: Memphis, Tennessee, zou het een buitenwijk zijn. In Amsterdam: een andere wereld.

Je jongste zoon woont er, je gaat er wekelijks heen met je oudste zoon, die geen verschil ziet tussen Amsterdam en Almere, of het moet zijn dat de huizen daar groter, nieuwer en comfortabeler zijn dan in Amsterdam. In sommige weken breng je er meer tijd door dan in Amsterdam. Toch is het uitgesloten dat jij er ooit zult wonen. Waarom is dat?

In Amsterdam heeft alles een betekenis, je weet waar dingen voor staan. Wanneer iemand vertelt in welk deel van de stad hij, of zij, is opgegroeid, en in welke tijd, dan weet je: dit is het vlees dat ik in de kuip heb.

Amsterdam wordt bewoond door mensen die niet allemaal hetzelfde zijn. In Almere werkt iedereen in diensten. Ze draaien een dagdienst, of juist een nachtdienst. Een vroege dienst of een late dienst. In Amsterdam heb je nooit iemand horen spreken over een dienst draaien.

Wanneer je in Amsterdam de deur van je huis uit loopt, ben je in een stad. Er is leven, er zijn winkels. Er is historie en gevoel. Er is een ziel. Je voelt je er thuis. In een stad zonder gevoel kun jij je moeilijk thuisvoelen.

Waar Almere je vooral mee confronteert: de vraag hoe je het voor elkaar hebt gekregen om twee zoons te maken die niet in hetzelfde huis wonen. En, vooralsnog, niet eens in dezelfde stad.

De gezellige dictator

De gezellige dictator zei: 'Ik ben geen intellectueel, maar ik zorg ervoor dat de dingen die ik zeg zeker wel intellectueel overkomen. Ja toch?'

Vervolgens lachte Desi Bouterse uitbundig, en sloeg hij je op de schouder. Lachen deed hij veel, als het hem uitkwam. Vandaag was zo'n dag. Bij het Centraal Hoofdstembureau te Paramaribo werd de kandidatenlijst ingeleverd van zijn politieke partij, de NDP. Het was een paar weken voor de verkiezingen van 2005.

Vandaag was zo'n dag dat Desi Bouterse naar je toe kwam en vroeg of jij die man was die hem wilde spreken. Daarna ging hij zitten en beantwoordde al je vragen, je onderwijl vriendelijk toelachend. Eigenlijk lachte hij de hele dag. Terwijl zijn partijgenoten de kandidatenlijst inleverden, zat Desi glunderend uit het raam van het stembureau naar buiten te kijken. Hij zwaaide naar zijn aanhangers, die hem beneden op straat toejuichten.

Nu was het werk gedaan en zat hij op het terras van café De Punt. 'Ik doe aan jagen en vissen,' vertelde hij. Desi viste op de Surinaamse *kwi-kwi*-vis. 'En ik ben een leesfreak. Ik lees me te pletter. Ik lees in de auto, ik lees in de boot, als ik 's avonds thuiskom lees ik zeker een uur. De bestsellers, die verslind je ook even mee, ja toch? Op het ogenblik is Dan Brown in, *De Da Vinci Code*. Maar over het algemeen lees ik enkel en alleen spirituele boeken.'

Hij was een *born again christian*. Zijn motto luidde: een dag geen goede daad verricht, is een dag niet geleefd. 'Het houdt voor mij in dat je moet proberen het leven zo veel mogelijk te geven,' zei hij. 'Als we dat volgens de christelijke filosofie zouden benaderen, betekent het dat Jezus zo veel gegeven heeft, dat hij zijn leven gegeven heeft, als voorbeeld voor de mensheid.'

Ook mocht Desi graag een reisje maken. 'Kijk, het is natuurlijk een politieke stunt dat ik niet zou mogen reizen,' legde hij uit. Vanwege zijn Nederlandse veroordeling wegens drugshandel mocht hij Suriname niet verlaten. 'Ik reis regelmatig, alleen geef ik er geen publiciteit aan. Ik heb 's een keer willen bewijzen dat het geen probleem was, en ben naar Trinidad gegaan. Toen heeft de Nederlandse staat de grootste toestanden gemaakt met de mensen daar. Als ik nu in het buitenland ben, doe ik het rustig aan.'

Welke landen hij dan aandoet? 'Dat is niet belangrijk, anders krijg je weer een hoop gedoe. In elk geval ben ik vaker in het buitenland dan men denkt. Als ze me niet kunnen vinden, weten ze: oh, hij is even weg. Hoe ik dat doe? Ja, dat is voor de meeste mensen een vraag, maar voor mij een weet.'

Naast Desi stond Dick Staphorst junior op het terras. Dick liet zich Diego noemen. Desi en hij waren vrienden. Maar zijn vader, die was pas echt goed bevriend met Desi. Dick Staphorst senior was als Hollandse sportinstructeur in het Surinaamse leger de baas van Desi vóór de staatsgreep in 1980.

Een paar dagen later kwam Dick senior aan de telefoon. Inmiddels was hij gepensioneerd, hij woonde in Spanje. 'Desi en ik waren vrienden, we deden alles samen,' vertelde hij.

De dag na de coup moest Staphorst zijn wapens komen

inleveren, waarna hij in elkaar werd geslagen door Paul Bhagwandas, de collega-couppleger van Desi. 'De beul en slachter van Paramaribo noem ik hem. Terwijl ik op de grond lag, schopte Bhagwandas met zijn legerschoenen in mijn gezicht.'

Staphorsts kaak was gebroken, hij lag anderhalve maand in het ziekenhuis, en vertrok daarop direct met zijn gezin naar Nederland.

'Desi heeft nog wel min of meer z'n excuses aangeboden,' zei Dick senior. 'Althans, hij is naar het ziekenhuis gekomen om te kijken hoe het met me ging. Helemaal volgehangen met wapens en messen was hij toen. Zijn hele gezicht was verstard, hij was een ander mens geworden. Ik haat hem niet, maar voordat ik weer met Desi praat, vind ik dat hij verantwoordelijkheid moet nemen voor de Decembermoorden. Bij de slachtoffers zaten mensen met wie ik bevriend was. Ik vind dat Desi moet vertellen wat er toen is gebeurd.'

Het leek niet een familiegeschiedenis die uitnodigde tot grote vriendschap, maar zoon Diego kwam graag in huize Bouterse. 'Dan leggen we een kaartje, een Surinaamse variant op klaverjassen. Desi kan geweldig kaarten, over het algemeen wint-ie. Hij is een winnaar. Ik vind dat hij president moet worden.'

Desi's tweede echtgenote bevond zich op het terras. Evenals zijn eerste echtgenote heet ze Ingrid, haar meisjesnaam luidt Waldring. Ook de dochter van Desi en Ingrid was van de partij. 'Ze heet Jen-ai,' vertelde Ingrid. 'Een Chinese naam. Het betekent: zij die van mensen houdt.'

Desi en Ingrid hadden meer kinderen in huis. Ingrid: 'Desi heeft nog een kleinzoon uit zijn eerste huwelijk, en ik heb twee kinderen van m'n overleden zus.'

Desi: 'Ik heb veel kinderen thuis, omdat ik van ze hou. Ik heb een aantal kleintjes, maar ondertussen zijn er ook een paar groot geworden.'

Ingrid is van Chinese afkomst en Desi is indiaans en creools. 'Juist een type als Bouterse, die is opgegroeid in Suriname, weet eigenlijk niet meer wat-ie zelf is,' zei Desi. 'Dat je Chinees bent, dat je indiaans bent, dat je jood bent – over twintig of dertig jaar kun je bijna niet meer zeggen wie wat is. Er zullen wel kenmerken zijn, maar ik denk dat het nationale gevoel voorop staat.'

Ingrid verzorgde de kleding van Desi. 'Ik ga de winkels in, omdat hij geen tijd heeft,' onthulde ze.

'Mijn vrouw is erg modebewust,' aldus Desi. 'Soms laten we de kleding maken, het is een hobby. Het meeste wordt hier gemaakt, soms krijg ik ook zaken vanuit het buitenland. Ik kan heel veel Versace kopen, uit Turkije, voor vijfentwintig euro. Je moet ook een beetje aan de portemonnee denken.'

'Hij is een lieve echtgenoot,' zei Ingrid. 'Desi is niet vaak thuis, omdat hij altijd bezig is met het volk. Als hij niet hier is, gaat hij naar het binnenland. Thuis is hij heel gezellig. Meestal kook ik, soms doet Desi het. Hij maakt bruine bonen en indiaans peperwater, dat is vlees met veel peper.'

Desi vertelde: 'Kijk, je moet ervoor zorgen dat je het stukje familieleven wel in stand houdt, anders gaat er verwijdering optreden. Want ik ben aan het werk, ik ga naar het werk, of ik kom van het werk. Elke ochtend zitten we bij elkaar, m'n kinderen moeten dan naar school. Krantje lezen, koffie drinken. Anders loop je je te pletter, dan loop je echt tegen de muur.'

Voortdurend veegde Desi met een zakdoek de tranen uit zijn ogen. 'Binnen de familie hebben we druk op het oog, erg gevaarlijk. Doordat ik me met een aantal zaken bezighoud, ben ik in staat om het te controleren. Het heeft z'n weerslag wanneer de vermoeidheid optreedt, zoals vandaag. Omdat ik mezelf geen rust gun. Ik kan eindeloos doorgaan.'

Hij analyseerde zijn relatie met Nederland. 'Ik heb er veel familie, ik heb kinderen daar. Dus dat stukje is een wezenlijk onderdeel van het geheel hier in Suriname. We kunnen niet blijven klagen over de slaven zus en de slaven zo. Er zijn tijdens de slavernij dingen gebeurd in Suriname, maar wij sluiten de zaken af.'

Op het terras van café De Punt was een half uur verstreken. Desi zat nog steeds naast je, de sfeer viel te omschrijven als: gezellig. Je vroeg of de staatsgreep van 1980 het belangrijkste moment uit zijn leven was.

Hij zei: 'Het heeft m'n leven veranderd. Maar of het het belangrijkste was, dat zou ik niet kunnen zeggen. De geboorte van je eerste kind is ook een belangrijk moment.'

Desi's eerste kind heette Dino. Hij zat in een Surinaamse gevangenis, voor een grote wapenroof. Je wist dat Desi daar vast niet over wilde praten, maar je dacht: ik waag het erop.

Je vroeg hoe het nu ging met Dino. Desi antwoordde niet. In plaats van op de vraag in te gaan, keek hij met zijn tranende ogen in de verte, en richtte zijn aandacht ineens op de NDP-kameraden die hem omringden.

Hij stond op en zei, zonder je nog aan te kijken: 'Oké, dit was het.' Weg liep de gezellige dictator.

De Reverend

Voor deze keer bevond de backstageruimte van Boom Chicago zich in de backstageruimte van de Stadsschouwburg, vijftig meter verder op het Leidseplein. In Boom Chicago was het zo vol dat de plaatselijke backstageruimte niet kon worden gebruikt. Om de garderobe kwijt te kunnen hadden ze op straat een tent neergezet. Veel mensen wilden erbij zijn, vanavond in Boom Chicago.

Drie van de vier deelnemers aan het debat waren reeds gearriveerd. Een rechtse politicus, een linkse radio-dj en jij, uw zelfbenoemde leidsman in de steeds gecompliceerder wordende multiculturele samenleving. Het debat zou gaan over immigratie en integratie. De vierde deelnemer stond nog op het podium van de Stadsschouwburg. Hij was achtenzestig jaar oud, maar sinds één uur 's middags stond hij onafgebroken ergens op een podium. Inmiddels was het tien uur 's avonds.

In de backstageruimte werd gediscussieerd. Hoe moeten we hem noemen? Reverend? Mr. Jackson? Sir Jackson? Gewoon Jesse Jackson, of was dat onbeleefd? Het werd stil in de backstageruimte. Vanaf de gang drong het bericht door dat hij eraan kwam. Iedereen hield, zo onopvallend mogelijk, de deur in de gaten. Daar was hij. De Reverend gaf iedereen in de ruimte een hand, zo was hij. Gesproken werd er niet, hij had geen tijd, we gingen direct door naar het podium van Boom Chicago.

Daar stonden vier moderne katheders opgesteld, twee

aan twee. Ertussenin stond de presentator. De Reverend stond achter de katheder naast die van jou. Hij was niet verder dan enkele decimeters verwijderd. Het leek er niet op dat de Reverend enig idee had wie de drie andere deelnemers aan het debat waren. Dat maakte ook niet uit. Het ging om de inspirerende woorden van de Reverend, daar was het publiek voor gekomen. Die woorden stonden los van de discussie die werd gevoerd door de drie figuranten op het podium. De Reverend had zijn eigen verhaal.

Toen kwamen de vragen uit het publiek. Een jongedame, vermoedelijk was ze van Surinaamse afkomst, stelde een vraag over de roman die jij had geschreven. In die roman zoekt de hoofdrolspeler een 'intellectuele negerin'. Volgens hem is het vrijwel onmogelijk om een gestudeerde zwarte vrouw te vinden die ook nog wild en exotisch is. De jongedame uit het publiek had twee studies afgemaakt. Haar vraag luidde: jij, de schrijver van de roman, beweert toch dat ik dat niet kan?

De Reverend stapte achteruit. Hij stond niet langer op enkele decimeters afstand, maar op meer dan een meter. Zonder dat je hem kon zien, voelde je dat hij dacht: naast wie hebben ze mij neergezet?

Voor de zoveelste keer legde je uit, deze keer aan iemand die twee studies had afgerond, dat de opinies van een fictief karakter niet volledig overeen hoeven te komen met die van de romanschrijver. En dat het onderwerp van deze roman de verwarring was over de steeds gecompliceerder wordende multiculturele samenleving. Daarbij paste een verwarde hoofdrolspeler.

De Reverend kwam weer naast je staan. Hij keek op zijn horloge en fluisterde in je oor: 'Heeft Nederland ooit een vrouwelijke *Head of State* gehad?' Het was informatie die hij nodig had voor zijn volgende inspirerende woorden. Een korte speech over geloof hebben in jezelf. Nee, Nederland heeft nooit eerder een zwarte minister-president gehad, of een vrouwelijke. Maar dat betekent niet dat het niet kan. Iemand zal het als eerste moeten proberen.

De presentator had nog geen einde gemaakt aan het debat, dat werd voor hem gedaan. Hij sprak zijn laatste inspirerende woorden en weg was de Reverend.

Een avond in Paramaribo

De avond van Paramaribo begon in het winkelcentrum. De Maretraite Mall ligt aan de Jan Steenstraat in Maretraite Drie. Het deel van de stad dat Maretraite heet, naar een voormalige Franse plantage, is opgedeeld in delen met verschillende cijfers die van elkaar worden gescheiden door stukjes water.

De Maretraite Mall is een modern gebouw van twee verdiepingen met lange gangen die gedeeltelijk in de openlucht liggen. Er zijn telefoonwinkels, muziekwinkels, een zogenaamde *food court* met een divers aanbod aan fastfood en allerlei andere winkels die je verwacht in een Amerikaans winkelcentrum. Of, zoals in dit geval, een Surinaamse versie daarvan.

Maar waar het hier natuurlijk om ging: de kledingwinkels. In Paramaribo is niet veel geschikte uitgaanskleding te koop. Daarvoor moet je in een van de twee winkelcentra zijn. De andere heet de Hermitage Mall.

In de Maretraite Mall heten de kledingzaken Dojo Couture, Zazu of Galaxy. Het aanbod bestaat gedeeltelijk uit kleren die zijn geïmporteerd uit Miami en die, zeker voor Surinaamse begrippen, nogal aan de prijs zijn, zoals dat heet.

De avond begon op het plein tegenover het nieuwe Torarica Royal hotel. Voor de kenners: het plein waaraan een café genaamd 't Vat ligt. Bij 't Vat komen vooral blanke Hollanders, met name jonge vrouwen, en ook wel een paar mannen, die in Suriname een stage doorbrengen. De zogeheten stagiairs.

In de straten rond het plein gebeurden veel opwindender zaken. Dit is de nieuwe uitgaanstrend onder de lokale bevolking: de autobar. Met bevolking wordt in dit geval bedoeld: jonge Surinamers van creoolse komaf.

De autobar wordt aangelegd op de motorkap van een personenauto. Op die motorkop worden neergezet: zoveel mogelijk flessen sterkedrank, variërend van whisky tot rum tot wodka, een aantal vloeistoffen waarmee die drank kan worden vermengd, zoals cola, 7-up of diverse sappen, en glazen, eventueel van plastic, waarin het vermengen kan plaatsvinden. De bezoekers van de autobar bleven de hele avond staan, het kan ook hangen worden genoemd, rond hun zelfgemaakte uitgaansgelegenheid.

De grootste discotheek van Suriname heet Zsa Zsa Zsu, aan de J. Pengelstraat. De Nederlandse bezoeker zal worden verrast door het grote aantal landgenoten. Wanneer de locatie van Zsa Zsa Zsu even wordt vergeten, zou de Amsterdamse bezoeker kunnen denken dat hij terecht is gekomen in het Cooldown Café of Jantjes Verjaardag of een ander typisch hoofdstedelijk dranklokaal.

Nadat Zsa Zsa Zsu zo snel als het is betreden ook weer werd verlaten, zette de avond in Paramaribo zich voort in El Molina. Hier treft de Amsterdamse bezoeker niet één landgenoot aan. Er komen uitsluitend Surinamers van creoolse komaf. De minimumleeftijd ligt rond de vijftig jaar. Veel meer opties dan El Molina schenen er niet te zijn op een zaterdagavond.

In El Molina is een bar, er is een kleine ruimte met stoelen en tafels, en er is, omringd door een houten omheining, een dansvloer. Die wordt niet schaars verlicht, nee, op de dansvloer is in het geheel geen verlichting.

Wel klinkt er muziek van iconen als Keith Sweat, Luther Vandross en Barry White. Beneden is er weinig van te merken, maar er wordt gefluisterd dat de bovenste verdieping van El Molina bestaat uit een bordeel.

Een nacht in Paramaribo

De bar-dancing, een benaming die je helaas niet veel meer hoort, werd verruild voor het bordeel. In Nederland hebben we Marokkanen en Antillianen. In Suriname hebben ze Brazilianen en Chinezen. De Braziliaanse mannen zijn goudzoekers met een vreemdelingenlegioen-achtige mentaliteit en de vrouwen zijn allemaal werkzaam als prostituee – zo wil het vooroordeel. De Chinezen – hiermee wordt niet bedoeld: Surinamers van Chinese afkomst die er al generaties lang wonen, maar nieuwe Chinezen die net uit China zijn gekomen – hebben allemaal een winkel en ze denken alleen maar aan geld.

In het Surinaamse parlement wordt, met een vrijpostigheid waar wij een voorbeeld aan kunnen nemen, gesproken over deze buitenlanders die de baantjes komen inpikken en zich niet willen aanpassen.

Het bordeel heette Diamond. Bij de ingang hing aan de muur een papier waarop met grote letters *Imigração* stond. Op het papier stond een lijst met meisjesnamen. Naast iedere naam werd in het Portugees vermeld op welke datum ze de verlenging van haar verblijfsvergunning moest aanvragen.

De benedenverdieping van het bordeel bestond uit een grote bar, een kleine dansvloer en veel lange tafels en stoelen. Aan de muur hing een reclamebord voor Nova Schin, een Braziliaans biermerk, en een papier waarop het menu stond aangekondigd: *churrasco*, de Braziliaanse naam voor barbecue.

De werkende meisjes, zoals dat schijnt te heten – u begrijpt, dit was een puur beroepsmatige onderneming, in het verleden heb je heus weleens smerige dingen uitgehaald, maar daar hoeft bordeelbezoek niet per se bij te horen, zoals iedere echte man weet: wanneer je het spelelement elimineert en een vrouw doet het niet voor haar plezier, maar voor geld, dan is er niets meer aan – goed, de werkende meisjes dus, ze zagen er allemaal hetzelfde uit.

Ze waren jong, niet veel ouder dan achttien leek het, blank met meestal donker haar en ze dansten op elektronische discomuziek waarbij in het Portugees werd gezongen. Tijdens deze nacht kwamen ze op één na, die kwam uit Guyana, allemaal uit Brazilië. De eerste gedachte bij het aanschouwen van de meisjes was: wat is er in die levens gebeurd dat ze vanuit Brazilië op deze leeftijd hier terecht zijn gekomen?

De clientèle bestond bijna geheel uit Surinaamse mannen van Hindoestaanse afkomst. Aan de bar vertelde een Surinaamse man van Hindoestaanse afkomst hoe dat kwam. Het zou kunnen dat Hindoestaanse mannen in Suriname vaak op jonge leeftijd moesten trouwen, en niet altijd met een echtgenote die ze zelf hadden uitgekozen. Het zou kunnen dat ze na een paar jaar waren uitgekeken op die echtgenote. En het zou kunnen dat de omgang met buitenvrouwen door Hindoestaanse mannen niet zo geperfectioneerd was als door sommige creoolse mannen.

De Hindoestaanse man aan de bar had een Hindoestaanse vriend bij zich. Die vroeg: 'En nu ga je zeker zeggen dat creoolse mannen geen geld hebben om naar het bordeel te gaan?'

De vriend was verontwaardigd. Hindoestanen hadden heus wel buitenvrouwen. Het was niet zo dat ze, wanneer

ze een keer buiten de deur iets wilden doen, geen andere keuze hadden dan het bordeel. Hindoestanen konden
hun eigen buitenvrouwen regelen. Ze waren geen blanken.

De pornovakantie

En toen vond de pornoacteur genaamd Ben Kelly zichzelf dus terug in een buitenwijk van Boedapest, op de zolder van een villa waar alles plakkerig was. Hij was bezig in het gezicht te slaan van een naakte roodharige Hongaarse vrouw die op haar knieën voor hem zat. Ben sloeg niet met zijn handen, dat deed hij met een ander lichaamsdeel.

Om hem heen stonden dertig mensen in een kring. Daar waren vier mensen bij die hem met filmcamera's vastlegden, er werden foto's gemaakt, er waren de twee Engelse jongens die met hun telefoon filmden, er was het groepje Hongaarse mannen dat iedere keer met een andere vrouw naar de wc ging, die vrouwen kregen tien minuten later allemaal een bloedneus, en natuurlijk werd Ben, geboren en getogen in Blackpool, van dichtbij gefilmd door de Rotterdamse gehandicapte vakantieganger die opereerde onder de schuilnaam Art Core. Art Core filmde alles van dichtbij, van 's morgens vroeg tot 's avonds laat.

De activiteiten in de kring rond Ben en de roodharige Hongaarse vrouw konden worden verdeeld in diverse categorieën. De film *Pornweek Party* werd opgenomen, voor de *Pornweek*-website werden foto's gemaakt, de Hongaren die steeds naar de wc gingen waren figuranten, en er was een cameraploeg voor de Engelse docusoap *Pornweek*, alsmede twee Engelse en twee Nederlandse hoofdrolspelers. Zij waren de deelnemers aan The Ultimate Fantasy Vacation van *Pornweek*. Dit hield in dat ze drie dagen aanwezig mochten zijn op de set van een pornofilm, in ruil waarvoor ze figureerden als hoofdrolspelers in een docusoap over mensen die aanwezig mogen zijn op de set van een pornofilm. *Pornweek* wordt uitgezonden op de Engelse tv-zender Bravo.

Later zou hij beweren dat het kwam door vermoeidheid en niet door de kring mensen om hem heen, maar Ben had een probleem. Van vrijwel alle *boy-girl scenes* is het de bedoeling dat ze eindigen met een zogenaamd *cum shot* – een climax van de boy in het gezicht van de girl. Dit was het onderdeel waar Ben Kelly, wat overigens zijn echte naam was, een probleem mee had.

Eerst hield hij een kwartier lang zijn gezicht in een gelaatsuitdrukking die bepaalde mensen in de kring liever niet op hun netvlies hadden gekregen, maar waarvan ze wisten dat die er nooit meer af zou gaan, daarna sloeg hij met een steeds slapper wordend lichaamsdeel nog een paar keer in het gezicht van de roodharige Hongaarse vrouw, en uiteindelijk liep Ben de trap af naar beneden. Zijn rol werd snel ingenomen door de Hongaarse acteur Lauro Giotto, een extreem zonnebankgebruinde bodybuilder die eigenlijk Zoltan heette.

Beneden werd Ben opgewacht door Gazzman, de producent van *Pornweek Party*. Gazzman was de schuilnaam van een Engelsman die, na een carrière bij de politie, via de BBC en via documentaires over de seksindustrie was terechtgekomen in deze Hongaarse pornovilla waar dagelijks films werden opgenomen. Tijdens de opnames had Gazzman al een paar keer geprobeerd om in te grijpen, maar dan riep Ben: 'Geef me nog één minuut, ik voel dat het zo gaat lukken.'

In de woonkamer van de pornovilla, op de begane grond, stond Ben voorover gebogen naar zijn lichaamsdeel te kijken. Gazzman zei tegen hem: 'Je gooit mijn geld weg. We moeten nu filmen. Ben je er binnen één minuut klaar voor, of moet Zoltan jouw plaats innemen?'

Ben beloofde dat hij er klaar voor was, trok een paar keer aan zijn lichaamsdeel, iets wat hij de hele dag door deed, vandaar dat hij de bijnaam Wankerman had gekregen, en liep de trap weer op naar boven.

Wat hem zojuist overkwam was er de oorzaak van dat nieuwe acteurs bijna niet doorbraken. Producenten wilden niet investeren in mannen van wie ze niet zeker wisten dat ze zouden presteren. Geruchten over viagragebruik bestonden wel, maar er was niemand die het toegaf.

Het was de droom geweest van Ben om pornoacteur te worden. Wanneer hij vroeger keek, dacht hij altijd: dat kan ik beter. In 2005 kwam zijn droom uit tijdens een reis van *Pornweek*. Als deelnemer aan The Ultimate Fantasy Vacation mocht hij zich bewijzen. Sindsdien werkte hij als pornoacteur. En nu, op de zolder, lukte het ten slotte om zijn werk te bekronen. Die bekroning werd, zoals iedere keer, beloond met groot applaus van alle aanwezigen. De roodharige Hongaarse werd beloond met een doos tissues. Ben zei: 'Het gaat om focussen. Dat is het enige waar dit werk over gaat.'

Het was op de welkomstborrel van *Pornweek*, voorafgaand aan vier dagen filmopnames. De man uit Waalre, nabij Eindhoven, zei: 'Noem mij maar Simon.'

Die schuilnaam gebruikte Simon, die 32 was, sinds hij de gelijknamige film had gezien. Herstel: 'Iedereen in Eindhoven kent me als Simon. Misschien moet ik mezelf nu Frederik noemen.'

Simon ging veel uit in Eindhoven, ook doordeweeks. Hij zag er goed uit, met zwart haar, en kreeg vaak telefoonnummers van vrouwen.

Het was de hobby van Simon om die vrouwen na het uitgaan, als hij een fles Bacardi had leeggedronken, midden in de nacht op te bellen, ook doordeweeks.

'In het begin vinden ze me allemaal leuk,' zei hij. 'Maar als ik 's nachts begin te bellen, vinden ze me ineens minder leuk.'

De volgende ochtend, als Simon het allang was vergeten, werd hij teruggebeld door boze vrouwen. 'Je kan ze wel gaan stalken,' zei hij. 'Maar daarna gaan ze je iedere keer terugstalken.'

Simon en Art Core, die elkaar nooit hadden ontmoet, deelden een kamer in hotel Budapest. Daar logeerde de hele filmploeg, samen met de vakantiegangers die achter de schermen mochten kijken. Officieel moesten de vakantiegangers duizend euro betalen om erbij te mogen zijn, maar op deze reis waren louter genodigden meegekomen.

Iedere ochtend reisde de hele groep na het ontbijt met een busje naar een pornovilla, om daar de rest van de dag door te brengen. Na een paar dagen ontstond een soort familiegevoel. Alleen was dit een familie waarvan sommige leden ineens hun kleren uittrokken om een *blow job scene* op te nemen, of een BGA, oftewel *boy-girl anal*.

Simon en Art Core hadden een gemeenschappelijke vriend, Martijn, via wie ze allebei waren uitgenodigd. Simon kende Martijn uit Waalre. Hij zei dat het een aparte jongen was, bij wie het nooit zo goed lukte met de meisjes. Daardoor ontwikkelde Martijn een obsessieve belangstelling voor pornofilms. Alle jongens uit Waalre waren al een keer mee geweest op een *Pornweek*-reis, naar Praag, Brussel of Cannes.

Art Core was een dertigjarige ambtenaar uit Rotterdam. Door zijn handicap liep hij op krukken. Hij kende Martijn van de pornoconventies die hij bezocht sinds zijn achttiende. Art Core liet foto's zien waar hij op stond met pornoactrices.

Zijn meest dierbare foto was er een met de Hongaarse actrice Dora Venter, op de Venus Fair in Berlijn, in 2000 of 2001. 'Ze heeft een mooie uitstraling,' vond Art Core. 'Dora kan verschillende personages neerzetten, van het onschuldige meisje tot de dominante vrouw.'

Op de derde dag van de reis zou Dora Venter naar de pornovilla komen om een scène op te nemen. Art Core wilde haar dan de foto geven waar ze samen op stonden.

'Art Core is een echte freak,' zei Simon. 'Hij kent ze allemaal.'

Art Core vertelde dat hij thuis veel films had, en hij keek vaak, maar hij was geen expert.

'Het is psychoseksueel,' zei Simon. 'Als je nooit op een normale manier iets hebt gehad met een meisje.'

Art Core vond zichzelf een happy single. Als hij zag waar mensen in zijn omgeving mee thuis kwamen, was hij blij dat hij alleen was. Het ging hem om de gezelligheid. 'Hier word ik geaccepteerd zoals ik ben. In het normale leven word ik altijd geconfronteerd met mijn handicap.'

'Dit is een prachtige wereld voor hem,' zei Simon. 'Die hoeren vinden alles goed.'

Art Core wilde dat porno uit de taboesfeer werd gehaald. Hij had weleens foto's aan mensen laten zien. Die mensen zeiden: dit is een hoer, dat is een hoer. 'Toen dacht ik: kijk dan niet. Ze willen niet accepteren dat dit gewone mensen zijn. Het is hier leuk. Porno kan je seksleven verrijken.'

Simon zei: 'Psychoseksueel.'

In de pornovilla kwamen de hele tijd nieuwe Hongaarse meisjes binnenlopen. Soms werden ze begroet, soms niet. Soms riep de producent: 'Dit is het anal-meisje voor de scène van vanavond' – soms trokken de meisjes in de woonkamer zwijgend hun kleren uit.

De dagen in de pornovilla werden doorgebracht met het consumeren van enorme hoeveelheden voedsel, zoals Hongaarse worst, en bier. De meisjes kregen tweehonderdvijftig euro voor een *blow job scene*, vierhonderd voor een *classic scene*, vijfhonderd voor een *anal scene* en zeshonderd voor *double penetration*. DP betekent dat twee mannen tegelijk de lichaamsopeningen van een vrouw gebruiken.

Op een rode bank zat Alexis Silver een boek van Harry Potter te lezen. Over een paar uur moest ze aan het werk. Haar artiestennaam was een ode aan Alexis Carrington uit *Dynasty*.

Ze vertelde dat ze duizend euro per dag verdiende. Het was ermee begonnen dat ze grote borsten had. Met achttien jaar ging Alexis lapdansen. Via de prostitutie belandde ze in pornofilms. Het verschil was dat ze als prostituee met vieze oude mannen moest zijn. Nu had ze meer controle over met wie ze was en ze verdiende meer geld.

'Ik ben materialistisch,' zei Alexis. 'Ik hou van nieuwe Sony flatscreen-tv's. En ik ben lui.' Daarna zei ze: 'Ik ben een hoer. Ik verkoop mijn lichaam voor geld. Het enige verschil is dat ik meer controle heb dan een hoer op straat.'

Alexis dronk veel bier, rookte veel sigaretten en lachte vaak. Ze was klinisch depressief, maar nu ging het beter dan ooit. De laatste keer dat ze buiten een film om de liefde had bedreven was anderhalf jaar geleden. 'Ik ben pathetisch,' zei ze. Het lukte niet om de transformatie te maken naar haar privéleven. 'Als ik buiten de film met iemand bezig ben, zoek ik naar de camera, of ik trek gezichten. En ik til steeds mijn billen op, als dat helemaal niet hoeft.'

Ben Kelly had wel een vriendin: Sahara Knite, een Engelse collega van Indiase afkomst. Ze ontmoetten elkaar tijdens het filmen van een scène. Toen ze later in het echte leven voor het eerst met elkaar waren, voelde het volgens Ben echt als de eerste keer.

'Met haar heb ik liefdevolle seks,' zei hij. 'Ze zou gek worden als ik met haar deed wat ik op mijn werk doe. Ik sla haar nooit in haar gezicht. Hier, dit is een foto van Sahara.' Ben liet op zijn telefoon een foto zien van een vrouw in witte lingerie.

Alexis was zevenentwintig, ze maakte nu drie jaar pornofilms. Sinds kort moest ze ook anale scènes doen. 'Ik heb drie jaar dagelijks kunnen werken zonder dat te doen,' zei ze. 'Dat is voorbij. Ik kan nu een paar jaar anaal doen, daarna zal ik ook DP moeten doen om aan het werk te blijven.' De avond voor een anale scène at ze niet.

De moeder van Alexis kwam uit Rotterdam, haar vader was een Amerikaanse professor in de sociologie. Ze werd geboren in Amerika, maar verhuisde naar Engeland toen haar vader een aanbod kreeg van de universiteit van Leeds. Vroeger wilde Alexis advocaat worden, voor het geld, ze was alleen te lui om te studeren. 'Op een dag vroeg mijn moeder: heb je hiv? Toen wist ik dat zij het wist. De woorden: "Ik doe porno" zijn tegen mijn ouders nooit over mijn lippen gekomen. Ze houden van me, maar ze haten mijn werk. Ze zijn teleurgesteld.'

De ouders van Alexis hadden haar geadopteerd. Haar biologische ouders waren een Jamaicaanse man en een Amerikaans-Italiaans meisje van zestien dat haar niet kon houden. Alexis zei: 'Dat ik geadopteerd ben heeft niets te maken met mijn keuze voor dit werk.'

Na een scène met de Tsjechische acteur George wisselden ze papierwerk van de dokter uit. Eigenlijk hadden ze dit van tevoren moeten doen, maar ze vertrouwden elkaar. Alexis en George hadden eerder samengewerkt, al wisten ze niet meer hoe hun scènes er toen uit zagen. Op het papierwerk stonden de maandelijkse uitslagen van testen op geslachtsziekten. In Amerika en Frankrijk werd met condooms gewerkt, daarbuiten ging het zonder. Alexis vertelde dat ze twee keer chlamydia had gekregen en één keer gonorroe.

In de pornovilla was één toilet. Toen Art Core het toilet twintig minuten bezet hield, begon Gazzman, de producent, te schreeuwen. Wie daar zo lang op het toilet zat. Voor de deur stonden twee Hongaarse meisjes te wachten met een speciaal apparaat om zichzelf leeg te pompen voordat ze een anale scène zouden opnemen. Naast de Hongaarse meisjes stond Ben Kelly, tussen allemaal mensen met kleren aan, weer met zijn lichaamsdeel uit zijn broek, om op te warmen voor een nieuwe scène.

De contradictie van aanwezig zijn op een pornoset luidde als volgt: het was de bedoeling dat het tot opwinding leidde, maar het resultaat was exact het tegenovergestelde. Art Core zei dat het voor hem gecompliceerder lag. Volgens Simon was het door zijn handicap onmogelijk om opgewonden te raken, Art Core wilde er niet veel over kwijt.

Op de derde dag van de opnames was Simon er niet bij. De groep zou om twaalf uur vanuit het hotel vertrekken, maar Simon kwam pas om half elf 's ochtends terug van het uitgaan. Op de hotelkamer van Simon en Art Core kwam het bijna tot een handgemeen.

'Ik wilde hem neerslaan,' zei Art Core. 'Simon gaat er licht mee om dat hij hier te gast is. Daar heb ik moeite mee. Op de set gaat hij respectloos om met mensen. Als je ergens op uitnodiging bent, moet je je gedragen.'

Simon vond dat hij, terwijl hij zelf zijn reis en verblijf had betaald, als gratis figurant werd gebruikt voor een pornofilm. Hij kwam zelfs herkenbaar in beeld.

De derde dag was voor Art Core een belangrijke. Eerst arriveerde Dora Venter, die 's avonds een scène zou opnemen. Art Core gaf haar direct de foto waar ze samen op stonden, en hij vroeg of ze zich dat nog kon herinneren. Dat kon Dora Venter niet. Ze legde de foto op tafel en liep weg.

Daarna zou het grote moment komen: Art Core mocht een scène regisseren. Hij had de ambitie om, net als Ben Kelly, via de *Pornweek*-vakantie een baan in de porno te bemachtigen. Art Core had genoeg van het werk dat hij nu deed. Hij had zijn hele leven gehoord dat hij vanwege zijn handicap allemaal dingen niet kon. Nu had hij genoeg zelfvertrouwen om de stap naar een nieuwe uitdaging te maken.

Gazzman zei dat hij nauwkeurig zou bestuderen hoe Art Core de regie aanpakte. Misschien was hij de nieuwe Spielberg van de porno. Helaas was Gazzman niet aanwezig tijdens de scène van Art Core, omdat hij naar de supermarkt was om nog meer Hongaarse worst en bier te kopen.

Het werd een soloscène van Alexis Silver, met een rode dildo. Art Core gaf haar van tevoren instructies over de volgorde van de handelingen die ze zou verrichten. Tijdens de scène keek Art Core tien minuten lang met een geconcentreerd gezicht van anderhalve meter afstand naar het opengesperde achterwerk van Alexis.

'Soms hoef je weinig aanwijzingen te geven,' zei hij na afloop. 'Waarmee ik niet wil zeggen dat regisseren makkelijk is.'

In de pornovilla liep één meisje rond dat nooit kleren droeg. Norma werkte in Londen als escort. Ze was een paar dagen thuis, voor vakantie. Om haar heen lagen mensen op banken bier te drinken en chips te eten. Norma lag op een bank en werd oraal bevredigd door Zoltan, de gebruinde bodybuild-acteur. Het was niet voor de film, dit was een spontane actie tijdens het wachten tot de opnames weer begonnen. Art Core kwam naast ze zitten op de bank, om het van dichtbij te filmen met zijn videocamera. Terug in Rotterdam zou Art Core apparatuur aanschaffen om de tientallen uren film uit Boedapest te monteren.

Norma was slechts gekleed in een bh met twee openingen waar haar tepels doorheen konden steken. De tepel die het dichtste bij Art Core was, stak niet door het gaatje heen. Terwijl hij door bleef gaan met filmen, stak Art Core zijn hand uit en begon met Norma's tepel te spelen, tot die weer door het gaatje heen stak.

Even leek het erop dat Art Core mee zou doen aan het liefdesspel, maar hij trok snel zijn hand weer terug. Hij wilde niet meedoen. Hij wilde het filmen.

De cast

Max Bellocchio

Regisseur. Heeft een neus vol rode wratten, maar dat staat geheel los van zijn werk. Groeide op tussen naakte vrouwen in het theater van Napels, waar zijn moeder kleermaker was voor het ballet. Belandde negentien jaar geleden toevallig op een pornoset en ging nooit meer weg. Is volgens zijn *Pornweek*-collega's de Roberto Benigni van de porno, omdat hij zo grappig is en zulke goede scripts kan schrijven. Helaas heeft *Pornweek Party* geen script. Zegt: 'Ik was de eerste die tegen meisjes zei dat ze recht in de camera moesten kijken. Daarvoor deed niemand dat.'

Lauro Giotto

Acteur. Tevens Chippendale-danser. Woonde een paar jaar in Amerika, maar daar brak een vrouw zijn hart. Zegt: 'Ik besloot om terug te gaan naar Hongarije en zoveel vrouwen te neuken als ik kan. Daarom doe ik dit werk.' Vertrekt na de opnames van *Pornweek Party* naar de Dominicaanse Republiek voor opnames. Zegt daarover alleen: 'Black girls', en maakt een gebaar alsof hij iemand op de billen slaat.

Big Bad Dave

Assistent. Moet alle kleine klusjes opknappen. Rolmodel voor Art Core. Hoort bij de *Pornweek*-familie sinds zijn deelname aan de Porn Academy in Praag afgelopen juni. Dankt zijn bijnaam aan zijn postuur, niet aan de lengte van zijn geslacht, maar vertelt dat aan niemand. Heeft de ambitie om zelf films te maken. Zegt: 'Ik ben hier om te leren. Andere mensen kijken naar de vrouwen, ik kijk naar de cameramensen.' Is, net als Art Core, niet op de set om in de nabijheid van vrouwen te zijn maar benut, net als Art Core, iedere mogelijkheid om in de nabijheid van vrouwen te zijn. Specialiteit: ongevraagde nekmassages.

Dennis

Hongaarse assistent. Verantwoordelijk voor het scouten van nieuwe actrices, liefst zo jong mogelijk. Scout iedere avond in discotheken, in de metro en op straat. Zegt: 'Ieder meisje heeft een andere reden om in de porno te gaan. Geld, of beroemd worden. Ik bezorg ze een beter leven. Sommige mensen vinden me slecht omdat ik kleine meisjes de porno in breng, maar ik voel me er goed bij.' Heeft een verklaring voor het failliet van de Hongaarse porno-industrie: er komt geen nieuw talent bij. Dennis is de enige die niet te lui is om op jacht te gaan naar nieuwe meisjes. Neemt dat zijn collega's kwalijk.

George

Acteur. Besloot zeven jaar geleden in Tsjechië met zijn vrouw de porno in te gaan. Ze scheidden twee jaar later, maar dat had met het werk niets te maken. Zwijgzame romanticus. Zegt slechts: 'Ik geloof niet meer in liefde. Daarom ben ik nu alleen. Ik ben zo gevoelig dat ik geen relatie durf aan te gaan.' Gaat daarna over tot het opnemen van een condoomloze anale scène met Alexis Silver.

Boekenbal

Op de vierde rij van de grote zaal in de Stadsschouwburg lag je verkering op de stoel naast je te slapen. Op de andere stoel naast je was ook een meneer in slaap, het zou kunnen dat het je uitgever was. Voor de connaisseurs: het is een meneer die goed bekend is met het werk van de schrijver Elsschot.

Voorafgaand aan het Boekenbal werd een voorstelling gehouden voor een select gezelschap. Het lag niet aan de kwaliteit van de voorstelling dat mensen in slaap vielen, misschien wel aan de lengte.

Je keek achter je de zaal in. Niet veel toeschouwers sliepen. Wel viel op dat het selecte gezelschap in het centrum van Amsterdam vrijwel geheel blank was, en niet al te jong.

Ineens werd je verkering wakker. Op het toneel zei Adriaan van Dis op dat moment zoiets als: 'Schrijven is niet moeilijk, de moeilijkheid ligt in het creëren van omstandigheden waarin geschreven kan worden.'

Je verkering en jij keken elkaar aan. Het was vervreemdend om een situatie die zo particulier was, en waarvan je dacht dat die over jou ging, plotseling als een universele waarheid vanaf een podium te horen.

De Stadsschouwburg moest worden betreden over een rode loper. Je had weleens eerder over een rode loper gelopen, maar het ging altijd snel, zonder dat iemand daar notitie van nam. Dit was de eerste keer dat je over een rode loper liep terwijl mensen achter ijzeren hekken aan de zijkant jouw naam riepen, als lokroep voor de camera's die ze bij zich hadden.

Toen je binnenkwam, het was kort na acht uur 's avonds, sms'te je vader dat zojuist op het NOS *Journaal* was overgeschakeld naar een verslaggever ter plekke die meldde dat Remco Campert was gearriveerd, Robert Vuijsje was net binnen en het wachten was alleen op Harry Mulisch.

Je werd er weer aan herinnerd: vader ben je zelf ook en daar was vandaag iets mee. Het zou eraan kunnen liggen dat je het afgelopen jaar te veel met je hoofd bij rode lopers was geweest, en alle mogelijke varianten daarvan. Je had niet genoeg aandacht besteed aan de inschrijving van je oudste zoon, die later dit jaar vier wordt, en nu was er op geen enkele school in de wijde omgeving van Amsterdam-Zuid nog plaats voor hem.

Zoals het Nederlandse spreekwoord luidt: vol is vol, acht maanden voor de vierde verjaardag is uiteraard veel te laat en hij zou de komende jaren iedere dag naar een ander deel van de stad getransporteerd moeten worden om naar school te gaan.

De laatste hoop was gevestigd op de school die om de hoek van zijn huis lag en de eerste keuze van zijn ouders was. Die ochtend hadden ze gebeld dat er helaas geen plaats was. En het was jouw schuld, je had er jaren eerder bij moeten zijn.

De volgende ochtend, je lag nog te slapen in het American Hotel, waar zou je anders de nacht moeten doorbrengen na het Boekenbal, werd je wakker gebeld door de moeder van je oudste zoon. Op de school om de hoek was alsnog een plaats vrijgekomen. Misschien had het iets te maken met de grootscheepse renovatie die de dag ervoor bekend was gemaakt.

De vrijgekomen plaats was voor jouw zoon. Het was het mooiste moment van het Boekenbal.

Mysterie

Je verkering duurde twee jaar en voor het eerst kwamen vrienden op bezoek. De aanleiding was de zogeheten kraamvisite. Het was drie maanden geleden dat je zoon was geboren. Behalve de grootouders was nog niemand op zogeheten kraamvisite gekomen.

Het probleem is: mensen uit Amsterdam verlaten hun stad niet, zeker niet voor een reis naar Almere. En wie is nou zo stom om een kind te verwekken bij een vrouw die niet in Amsterdam woont?

Voor ze aan de excursie begonnen, vroegen de vrienden hoeveel dagen het rijden was. Het was zondag, er stond geen file, binnen een halfuur waren ze er. De zon scheen, er kon buiten worden gezeten.

Buiten stonden stoelen en een bank voor de deur. Eerst bleven de vrienden een kwartier zoekend om zich heen kijken. Hoe deden ze dat hier in Almere, buiten zitten? Was het anders dan in Amsterdam?

Het huis van je verkering vonden ze mooi. Het was nieuw, niet meer dan vijf jaar oud, het glimde en alles deed het nog. Ook was het drie verdiepingen hoog en waren de verdiepingen zo groot dat er nog een half dozijn kinderen bij had gepast. Zulke huizen hadden ze niet in het centrum van Amsterdam.

Het huis stond in een rij van twaalf. Daar zat een Turks gezin bij, en een Antilliaans en een Hindoestaans gezin. In Almere wonen geen mensen zonder kinderen. Je verkering was van Surinaamse afkomst. De andere acht gezinnen waren blank. Marokkanen zijn in dit deel van Almere niet te bekennen. In de andere delen ook bijna niet.

De bewoners van de twaalf huizen werkten in de zorg of ze deden administratief werk of ze waren lerares op een lagere school. Ook werkten een paar buren op Schiphol, in de catering of bij de bagage.

Het moest een wonderbaarlijk land zijn. Op een half uur rijden van het centrum van de hoofdstad woonden mensen met hele normale beroepen en hele modale salarissen in gloednieuwe kastelen van drie verdiepingen, met voor de deur allemaal een parkeerplaats voor hun nieuwe auto.

Statistisch gezien kon het niet anders dan dat twee van de acht gezinnen bij de laatste verkiezingen hadden gestemd op een partij die vond dat het in dit land niet gekker moest worden.

Wanneer niet per direct werd ingegrepen zouden we ten onder gaan, de burgers pikten het niet meer en het werd tijd dat daarnaar werd geluisterd, voordat het te laat was. De problemen werden vooral veroorzaakt door die ene bevolkingsgroep, de bevolkingsgroep die in deze stad niet te vinden was.

Na een paar uur gingen de vrienden terug naar de grote stad. Het mysterie van de woede in Almere was niet opgelost.

Buffie the Body

In de lobby van het Van der Valk Schiphol A4-hotel liepen plotseling alleen maar vrouwen met dikke billen. Het is de Van der Valk die het populairste vreemdgaanhotel van Amsterdam is omdat mensen denken dat ze ver genoeg buiten de stad zijn om niet betrapt te worden. In het hotel kunnen kamers worden gehuurd die een ingebouwd zwembad hebben, of een jacuzzi. Ook zijn er kamers die ingericht zijn als de jungle.

Daar kwamen de vrouwen met de dikke billen niet voor. Het waren Amerikaanse vrouwen die werden ingevlogen om op te treden tijdens The Real Big Ass Parade, een festijn dat de volgende avond werd gehouden in The Sand, een evenementencentrum bij station Sloterdijk.

Op het festijn zouden tien Amerikaanse vrouwen optreden. Daar zaten twee blonde vrouwen bij die, ondanks hun blanke huidskleur, grote ronde billen hadden. De andere vrouwen waren zwart.

De organisator van het evenement, een lange donkere man, liep ook in de hotellobby. Hij wilde deze feesten 'uit het verdomhoekje halen', mensen moesten een keer respect opbrengen voor het genre.

Zijn compagnon, een kleinere zwarte man, zei: 'Het is wat het is: een big ass parade.' Wat moest je er verder van maken? 'Het is wat het is,' zei hij nog een keer.

De vrouwen zouden over het podium paraderen met hun dikke billen en in een ander deel van de zaal bestond de mogelijkheid om een lapdance te ondergaan. Hij verwachtte dat er niet alleen mannen op het feest kwamen, er zouden ook mannen zijn die hun vrouw meenamen.

Aan een tafel in de lobby zat – zomaar, alsof het niets was – een vrouw die zichzelf een icoon van de moderne tijd mag noemen. Dit is niet ironisch of neerbuigend bedoeld, de historische betekenis van Buffie the Body moet niet worden onderschat. In het Van der Valk-hotel langs de A4 werd ze misschien niet herkend, onder zwarte Amerikanen is ze wereldberoemd.

Buffie Carruth, zoals ze in het echt heet, zag er onopvallend uit. Ze droeg vrijetijdskleding en een zwart mutsje op haar hoofd. Geen make-up. Het lichaamsdeel waar ze haar bijnaam The Body aan te danken heeft, was niet zichtbaar. Daarmee zat ze op een stoel.

Met de andere vrouwen, die allemaal met elkaar optrokken, had ze geen contact. Het was niet dat ze op de andere vrouwen neerkeek, Buffie is niet zo'n groepsmens, vertelde ze. En ze is voorbij het punt in haar carrière waar ze in bikini op een podium moet dansen.

Morgen zou ze in een avondjurk het festijn 'hosten', zoals ze het zelf noemde. Haar beroep omschreef ze als: 'urban personality'. De laatste keer dat ze een fotosessie onderging was twee jaar geleden, haar lichaam ontbloten hoefde ze nooit meer te doen. Haar werk bestond nu uit: ingehuurd worden om te verschijnen bij evenementen.

Toen ze opgroeide in Athens, Georgia, in het zuiden van de Verenigde Staten, werd Buffie gepest omdat ze geen heupen en geen billen had. De dokter adviseerde een dieet met veel noten en pindakaas. Buffie bleef tenger gebouwd, maar ontwikkelde een buitenproportioneel groot en rond achterwerk.

Het begon allemaal vijf jaar geleden. Buffie werkte als stripteasedanseres in een club genaamd Norma Jean's, te

Baltimore, Maryland. Zonder dat ze het wist werden foto's van Buffie in een bikini op internet gezet en een ster was geboren. Vrouwen als Buffie bestonden niet als fotomodel, het was alsof de markt op haar had gewacht. Miljoenen mannen, en soms ook vrouwen, hadden een plaatje van haar als screensaver op de computer, of een poster aan de muur. Buffie had het rijk alleen. Alle anderen waren een kopie, zij was het origineel.

Ze veranderde de 'industry', zoals ze het zelf noemt. Voor vrouwen die niet waren gebouwd als het blanke, blonde schoonheidsideaal werd Buffie het model, ze maakte het acceptabel. Uit alle reacties die ze van vrouwen ontvangt, trekt Buffie één conclusie: of ze wit of zwart zijn, niemand wil mager zijn. Vrouwen willen rondingen.

Het moet een vreemd gevoel zijn: een hele carrière opbouwen rond één lichaamsdeel. Dat vindt Buffie ook, maar ze is eraan gewend geraakt. Ze was, ook voor deze loopbaan, oud en wijs genoeg om te weten hoe mannen reageren in de nabijheid van grote borsten en billen. Wat verwacht je nou van mannen?

Het is een verschil met haar jongere kopieën. Tegenwoordig is er niet één Buffie the Body, er zijn er vijfhonderd. Ze delen het bed met rappers en krijgen daar niets voor terug. Zo denkt Buffie niet. Je moet een doel hebben in het leven. Toen 50 Cent voor zijn videoclip 'So Seductive' vroeg of Buffie in een kort broekje wilde opdraven, zei ze nee, hoe graag ze ook de rol wilde. Ze verschijnt alleen in avondjurk, en als ze de 'main girl' is, oftewel: de hoofdrol speelt in de video.

De enige rapper die haar beter mocht leren kennen, heet Gucci Mane. Ze hadden acht jaar een relatie. Met witte mannen heeft Buffie weleens afspraakjes gehad, tot verkering is het nooit gekomen. En nu is het te laat. Haar zwarte fans zouden het niet accepteren wanneer ze, nu ze rijk en succesvol is geworden, ineens voor een blanke zou kiezen.

Buffie heeft één overeenkomst met alle andere modellen: op een zekere leeftijd moet je kiezen voor een nieuwe uitdaging. Buffie wil een keten van sportscholen openen waar vrouwen aan een strak lichaam kunnen werken, maar met behoud van rondingen. En ze wil langs middelbare scholen om te vertellen over gezonde voeding. Met behoud van rondingen.

Ik heb al vrienden

Op de Universiteit van Amsterdam was je, laten we zeggen, niet de meest ijverige student die ze daar ooit begroetten. En dat terwijl je vader dertig jaar eerder, omdat hij de hoogste cijfers behaalde in de geschiedenis van zijn middelbare school, had gekozen voor de allermoeilijkste studie die aan de UvA werd onderwezen. Het bleek Natuurkunde te zijn.

Je studeerde van 1990 tot 1997. Voor de studie stond vier jaar. Vanaf het moment dat je kon lopen was het erin geramd: het maakt niet uit welke studie je afrondt, als je maar doctorandus wordt, zoals dat toen nog heette. Van alle studierichtingen was er slechts één waarvan je je kon voorstellen dat je er jarenlang in geïnteresseerd zou blijven. Amerikanistiek heette het. Je zou ook kunnen zeggen: Amerikaanse geschiedenis. Of zoals ze het in Amerika noemen: geschiedenis.

Amerikanistiek was een bovenbouwstudie. Het betekende dat er pas aan mocht worden begonnen nadat een propedeuse was behaald in een ander vak. Na een half jaar geschiedenis bleek dat daar veel saaie dikke boeken uit het hoofd moesten worden geleerd. Het gerucht ging dat een propedeuse sociologie met minder werk behaald kon worden.

Een paar jaar later waren alle vakken van de propedeuse sociologie gehaald. Op een na. Voor Methoden & Technieken was enige wiskundige kennis vereist. Een jaar nadat de andere vakken voor de propedeuse waren afgerond, kreeg je een laatste kans bij Methoden & Technieken. Na zeker zes keer zakken. Als deze laatste kans niet zou worden benut, zat je loopbaan aan de Universiteit van Amsterdam erop. Voor studenten die na drie jaar nog geen propedeuse hadden gehaald was geen plaats meer.

Het zou kunnen dat je vader er niet blij mee was. Een kind dat te stom is om de universiteit af te maken, het zou niet minder dan een schande zijn.

Het hoogtepunt van de studietijd was het ene jaar dat als uitwisselingsstudent in Amerika mocht worden doorgebracht. Dat was ook het enige jaar dat je deelnam aan het studentenleven. Als Amsterdammer doe je niet mee aan het studentenleven in Amsterdam. Een Amsterdamse student zegt: nee dank je, ik heb al vrienden.

Weer een paar jaar later, tijdens de afstudeerplechtigheid bij amerikanistiek, vroeg professor Rob Kroes of je interesse had om nog een keer terug te komen aan de universiteit, om wat verder te studeren. Het zou kunnen dat iedereen begon te lachen omdat je zo snel en hard nee riep.

Nog eens dertien jaar later. Paul Scheffer inviteerde je om te komen spreken in de aula van de Universiteit van Amsterdam. Het is een nogal grote en indrukwekkend uitziende zaal. Zonder al te pathetisch te willen doen: het was een van de hoogtepunten uit je leven om op deze manier terug te keren aan de universiteit.

Op de eerste rij zat je vader. Zonder al te pathetisch te willen doen: het leverde best een mooi gevoel op om hem daar zo te zien zitten. Maar of het nu de bedoeling is dat je eigen zoons worden opgevoed met zo'n sterke drang om zich aan hun vader te willen bewijzen – daar ben je nog niet uit.

Een lezing aan de
Universiteit van Amsterdam

Aan de hand van mijn eigen ervaringen wil ik vanavond proberen een universeel verhaal te vertellen over wat er in Amsterdam is gebeurd in de laatste, laten we zeggen, dertig jaar. Het zijn mijn eigen ervaringen omdat ik negenendertig jaar geleden in Amsterdam ben geboren.

Deze gebeurtenissen hebben plaatsgevonden tijdens mijn leven. En het is, hopelijk, een universeel verhaal. Het had zich net zo goed in Rotterdam kunnen afspelen. Of in Utrecht of Den Haag. Of in Antwerpen, Parijs of Keulen.

Mijn moeder werd in 1942 geboren in New York. Haar vader was geboren in Petach Tikva, in wat op dat moment nog Palestina heette. Haar moeder kwam uit Alexandrië in Egypte. Haar ouders, die allebei via Ellis Island in Amerika waren aangekomen, hadden elkaar ontmoet in New York. De ouders van mijn vader komen uit families die al generaties lang in Amsterdam woonden.

Nadat mijn ouders elkaar hadden ontmoet in een land dat toen nog Joegoslavië heette, kwam mijn moeder in 1962 naar Amsterdam. Daar woonden bijna geen buitenlanders, ze was een soort bezienswaardigheid. Hollanders hadden toen al de gewoonte om liever te laten zien hoe goed hun Engels is dan dat ze Nederlands zouden spreken met een buitenlander.

Voor 1975 zijn nooit meer dan 15000 mensen van buiten, en daarmee wordt bedoeld van buiten Amsterdam, in één jaar in de stad komen wonen. Tot 1975 bestond in

Amsterdam bijna niet zoiets als 'buitenlanders'. Alleen in 1914, 1930 en 1946 viel een groot aantal immigranten waar te nemen, waarmee in dit geval vooral wordt bedoeld: binnenlandse immigranten.

Tijdens mijn jeugd, en eigenlijk zelfs tijdens mijn tijd aan de Universiteit van Amsterdam, bestond het hele gespreksonderwerp 'de multiculturele samenleving' niet of nauwelijks. In ieder geval niet zoals het nu het debat beheerst. En ik ben nog geen veertig jaar.

Ik kan me de eerste keer herinneren dat ik over dit onderwerp nadacht. Het zal rond 1980 zijn geweest dat een jongetje me bij het voetballen aansprak in een taal die ik niet kende, in de veronderstelling dat ik hem zou verstaan. Het moet Turks zijn geweest of een taal die ze in Marokko spreken. In 1980 woonden er Turkse en Marokkaanse Nederlanders in Amsterdam, maar het was niet een onderwerp dat vaak ter sprake kwam.

In de jaren daarna gebeurde het steeds vaker dat mensen me aanspraken in een taal die ik niet verstond. En vanaf het moment dat ik iets ouder werd, zoals mannen met donker haar kan overkomen zodra ze geen schattige kleine jongetjes meer zijn, werd ik steeds vaker behandeld op een manier die een bevoorrecht jongetje uit Amsterdam-Zuid niet gewend was. Pas na een paar jaar legde ik het verband tussen die twee zaken: die mensen doen onvriendelijk en achterdochtig omdat ze waarschijnlijk denken dat ik een Marokkaan of een Turk ben.

De gevoelens die dat opwekte, en de spanning die staat op het verschil tussen deze twee uitersten in het Nederland van de eenentwintigste eeuw, enerzijds een elitaire jood uit Amsterdam-Zuid en anderzijds een Marokkaanse jongeman – het was het eerste idee voor waar mijn roman *Alleen maar nette mensen* over moest gaan.

Ik wist dat het een uniek gegeven was. Veel mensen weten hoe het is om een bevoorrechte blanke Hollander te zijn. En veel jongens met zwart haar weten hoe het voelt om behandeld te worden als een zogeheten kutmarokkaan. Maar bijna niemand kent beide gevoelens uit de eerste hand. Vanuit die spanning wilde ik de verwarring laten zien die inmiddels was ontstaan over het onderwerp 'de multiculturele samenleving'.

Voor wie de cijfers bestudeert kan het niet verrassend zijn dat die spanning en verwarring zijn ontstaan. Niet eerder in de geschiedenis van Amsterdam is in zulke korte tijd de bevolkingssamenstelling zo radicaal veranderd. In de meeste gevallen waren de nieuwe bewoners afkomstig uit een sterk van Amsterdam verschillende omgeving.

In 1979 bestond 87% van de inwoners van Amsterdam uit autochtone Hollanders. Van de overige 13% hoorde 10% bij wat ze nu 'niet-westerse allochtonen' noemen. Van de 'niet-westerse allochtonen' waren Surinamers de grootste groep met 5%. Daarna kwamen de Marokkanen met 2%, de Turken met 1% en de Antillianen met 0,5%. De overige gastarbeiders, uit Spanje, Portugal, Griekenland, Italië en Joegoslavië, waren bij elkaar 2%.

Dertig jaar later, in 2009, wonen er in Amsterdam 68 761 Surinamers, 68 099 Marokkanen, 39 654 Turken, 11 559 Antillianen en 74 686 'overige niet-westerse allochtonen'. In totaal zijn dat 26 2759 'niet-westerse allochtonen'. Ook wonen er 111 640 'westerse allochtonen' en 381 948 autochtonen. Bij elkaar opgeteld zijn dat 756 347 inwoners. De autochtonen vormen precies de helft van de Amsterdamse bevolking. Eén op de drie Amsterdammers is een 'niet-westerse allochtoon'. De Surinamers en Marokkanen maken allebei bijna 10% uit van de bevolking, de Turken 5%.

In dertig jaar is de autochtone bevolking van Amsterdam afgenomen van 87% tot 50%. De niet-westerse allochtonen zijn van 10% gestegen naar bijna 30%. Surinamers zijn verdubbeld van 5% naar 10%, Marokkanen vervijfvoudigd van 2% naar 10%, Turken ook vervijfvoudigd van 1% naar 5%.

Die ontwikkeling zal zich verder doorzetten. Tijdens de laatste vijf jaar is de totale bevolking van Amsterdam toegenomen. Het totale aantal inwoners is toegenomen van 742 951 tot 756 347. Als de index van 2005 100 is, dan is dat in 2009 102 geworden. Het aantal autochtonen is afgenomen, van 100 naar 99, evenals trouwens het aantal Surinamers, tot 98. De snelst groeiende groepen zijn de Turken, naar 105, de Marokkanen, naar 106, de 'overige niet-westerse allochtonen' naar 107 en ook de westerse allochtonen naar 107.

Is het vreemd dat deze nooit eerder vertoonde verandering van de bevolkingssamenstelling zorgt voor spanningen en verwarring? Hoe moeten we ineens samen leven met al deze nieuwe en van ons verschillende mensen erbij?

Nee, dat is niet vreemd.

Heeft het geholpen dat het gespreksonderwerp 'de multiculturele samenleving' tot een paar jaar geleden niet bestond?

Nee.

En wanneer in het openbare debat over dit onderwerp werd gesproken was het dikwijls in twee uitersten: óf op de toon van Fortuyn, Verdonk dan wel Wilders óf op een toon waarbij de mensen die ze allochtonen noemen kwetsbaar en weerloos waren, niet sterk genoeg om zich zonder hulp in Nederland te redden. Komt een van die twee uitersten overeen met de realiteit?

Volgens mij niet.

Zal het binnen een paar generaties vanzelf beter gaan?

Ik hoop en denk van wel.

Wat zouden we op dit moment kunnen doen? Ik ben geen politicus, aan oplossingen doe ik niet. De kwestie ligt ook te gecompliceerd om zomaar één oplossing te formuleren, of twee of drie. Voor dit soort zaken bestaan geen eenduidige oplossingen, het zal zich moeten ontwikkelen. Om een klein voorbeeld te noemen: er is niet sprake van één meerderheid en één minderheid. Alle minderheden verschillen sterk van elkaar en bekijken 'de multiculturele samenleving' op een andere manier. Niet zelden vanuit hun eigen achtergrond. Een zwarte Surinamer zal zeggen: wij hadden de slavernij, dat was het ergste. Een jood zal zeggen: wij hadden de oorlog, we werden niet verhandeld maar uitgemoord, dat was nog erger. Een Marokkaan zal zeggen: ja, maar wij worden nú gediscrimineerd, dat van jullie was vroeger, daarom staat onze discriminatie bovenaan in de ranglijst.

Een begin van de oplossing zou kunnen zijn: mensen niet langer Marokkaan noemen. Of Surinamer of Hollander. Wanneer je, zelfs als je in dit land bent geboren, permanent wordt aangeduid met de nationaliteit van het land waar je ouders of grootouders zijn geboren, dan zul je je hier nooit helemaal thuis voelen. Het zou kunnen helpen als we – net zoals in het land waar iedereen bij het betreden van Ellis Island direct een Amerikaan is – al onze inwoners zouden aanduiden met: Nederlander.

CC's Blues Club

Bij het betreden van een zwarte discotheek weet je als witte man dus nooit wat de andere bezoekers zullen denken. Zeker niet als het gaat om een discotheek in een gedeelte van een Amerikaanse stad waar witte mensen niet komen.

Ze kunnen denken: wat moet die blanke hier? Of ze kunnen denken: wat leuk, een blanke hier. Ook is het mogelijk dat het ze niet interesseert of hier een blanke is. Het kan nooit kwaad om de discotheek te betreden in het gezelschap van zwarte vrienden, zoveel is zeker.

De zwarte vrienden heetten Glen en Greg. De Nederlandse uitwisselingsstudent met wie ze vijftien jaar geleden een appartement deelden op de campus van de University of Memphis, dat was jij. Sinds 1995 ging er geen jaar voorbij dat je de stad niet bezocht, maar in North Memphis was je nooit geweest. North Memphis was berucht.

Bij de ingang van CC's Blues Club was direct een dansvloer, als je naar links keek was er daar, voor het podium, nog een en rechts ernaast was de derde dansvloer. Langs de muur waren twee bars. Verlichting was er niet, die kwam alleen van de kleine rode lampjes die overal op een rij aan draden hingen. Aan de muren hingen spiegels.

De meeste bezoekers waren ouder dan dertig jaar, sommige zelfs veel ouder. Het blijft een wonderlijk gevoel om inmiddels in die leeftijdscategorie te vallen. Veel vrouwen waren in het bezit van gouden tanden en grote hoeveelheden tatoeages. Veel mannen ook. Het kon er indrukwekkend uitzien.

CC's had geen vergunning om sterkedrank te verkopen, alleen bier. De bezoekers mochten zelf flessen meenemen. Die zetten ze pontificaal op tafel, zodat ze hun eigen *foo foo drinks* konden maken. Foo foo drinks, oftewel damesdrankjes, waren meestal fel rood van kleur, of blauw of groen.

In CC's werd geen blues gedraaid. Het was moderne R&B, en soms ouderwetse. In de moderne R&B heette de nieuwe hit: 'Neighbors know my name', van Trey Songz. De populaire zanger was erin geslaagd om een nieuwe variant te bedenken op een onderwerp dat al miljoenen malen was bezongen. Respect.

In 'Neighbors know my name' was Trey zo getalenteerd in het bedrijven van de liefde dat de buren uit protest op de muur begonnen te bonken. Wanneer hij een dame onder handen nam, schreeuwde ze zo hard zijn naam dat alle buren wisten hoe hij heette.

Voor zover het gesprek niet over de aanwezige vrouwen ging, was het een dialoog over vrouwen in het algemeen.

Glen trok de grens bij 1980. Een goede vrouw was niet later geboren dan in 1980.

Greg had een theorie waar de rest van het gezelschap zich in kon vinden. Soms hebben vrouwen een grote bil en dan denk je dat die hard is, maar als je het aanraakt blijkt het zacht te zijn. Dat is een teleurstelling, maar het blijft een grote bil en daar valt alleen maar waardering voor op te brengen.

Glen en Greg waren allebei vrijgezel. Ze waren even oud als hun Nederlandse vriend, de veertig kwam in zicht. Iedere keer dat je ze sprak, hadden ze een nieuwe vriendin. Altijd ging het om vrouwen die in het bezit waren van alle eigenschappen die ze zochten. Intelligente en sympathieke zwarte vrouwen, goed opgeleid, met hoge banen in het bedrijfsleven en het uiterlijk van een fotomodel.

Ze spraken vol lof over hun nieuwe veroveringen, maar nooit kwam het in hun hoofd op om zich te binden. Waarom zouden ze? Jonge succesvolle zwarte mannen konden kiezen uit wel tien zwarte vrouwen. De een nog rijker en mooier dan de ander. Het percentage zwarte mannen dat in de gevangenis zat, of vermoord was, of minder welvarend leefde dan Glen en Greg, lag zo hoog dat ze goud in handen hadden.

Het type vrouwen dat CC's bezocht, in het bezit van veel gouden tanden en tatoeages, was niet per se wat Glen en Greg beschouwden als geschikte huwelijkskandidaten. Dus werd er geconverseerd.

Het ging over *Busted*, een wekelijkse krant die bij het pompstation werd verkocht. In *Busted* werden foto's afgedrukt van alle mensen die de afgelopen week in Memphis waren gearresteerd, met een korte beschrijving van hun misdrijf.

En het ging over de nieuwe reclameslogan van Taco Bell: *fourth meal, bring on the night*. Bij het fastfoodrestaurant hadden ze bedacht dat hun klanten na afloop van het avondeten nog een maaltijd moesten eten, de vierde van de dag. Door de week waren ze tot drie uur 's nachts open, in het weekend tot vier uur.

Ook ging het over de nieuwe shirts van Lacoste. Daar stond een krokodil op van ongeveer een halve meter, zodat je zeker wist dat iedereen kon zien van welk merk het was.

Maar het ging vooral over de nieuwe video van Erykah Badu. Onder zwarte Amerikanen, vooral het mannelijke gedeelte, ging het al een week over niets anders dan de nieuwe video van Erykah Badu. Het lied heette 'Window Seat'. In de video, opgenomen op de plaats waar president Kennedy in Dallas werd neergeschoten, voerde de zangeres een striptease uit. Ze was slank maar in het bezit van verrassend brede heupen.

Op het parkeerterrein achter CC's stond de auto van Glen, een nieuwe grijze Mercedes CL550 met zwarte lederen bekleding, een model dat toch al snel 100 000 dollar kostte. Glen woonde in zijn eentje in een kasteel met een bioscoop erin gebouwd. Vijftien jaar eerder beweerde hij op de universiteit al dat hij miljonair zou worden.

Hoe het kwam dat in Nederland – toch best een welvarend land en minder racistisch dan Amerika, zou je zeggen – niet zo'n brede elite bestond van geslaagde zakenmensen die niet behoorden tot de blanke meerderheid, niemand die het wist in CC's.

Je

Het was een paar maanden geleden. Met mijn oudste zoon liep ik, zoals iedere zaterdag, over de Albert Cuypmarkt. Hij wil altijd naar binnen in de muziekwinkel. Daar verkopen ze behalve cd's ook dvd's. Ze hebben een grote collectie kinder-dvd's. Bij de toonbank kwam een oudere meneer naast ons staan. Hij zei, hardop, tegen de eigenaar van de muziekwinkel: 'Vorige week kocht ik hier die dvd van...' – en hij noemde een titel die ik me helaas niet herinner, maar het kon niets anders zijn dan de naam van een behoorlijk ruige porno-dvd. 'Heb je daar ook een deel twee van?'

Ik vroeg me af: zou die oudere meneer kinderen hebben, of kleinkinderen? Vond hij het normaal om, terwijl een jongetje van drie vlak naast hem stond, zo openlijk over porno te praten? Of bestond zijn redenering eruit dat een jongetje van drie toch niet begrijpt wat porno is?

Nu kom ik, noodgedwongen, ook weleens op de markt in Almere. Op de markt in Almere verkopen ze min of meer dezelfde waren als op de Albert Cuypmarkt, en toch is het een andere wereld. Het heeft te maken met sfeer, geschiedenis en gevoel.

Dit is denk ik het verschil: in Amsterdam kan ik lachen om een man die, waar mijn zoontje bij staat, begint te praten over behoorlijk ruige porno. Het is *couleur locale*, het is lekker gek, het is een spontane Amsterdammer die ook zomaar een zogeheten schuine bak zou kunnen vertellen waar te kleine kinderen bij zijn, maar dat maakt niet uit want we zijn allemaal Amsterdammers onder elkaar.

In Almere zou ik denken: wat is dat voor psychopaat? Wat wonen hier voor krankzinnige mensen? Snappen ze niet dat je zo niet praat waar peuters bij zijn? In Amsterdam is het geinig en authentiek. In Almere kan het niet authentiek zijn. Een stad zonder eigen karakter heeft geen authenticiteit.

Overigens, voor de oplettende lezers: dit is de eerste column op deze plek die in de ik-vorm is geschreven. De voorgaande columns waren, voor zover ik er zelf in voorkwam, geschreven in de tweede persoon enkelvoud. Het was niet 'ik' die avonturen beleefde, het was 'je'. Was het een uit de hand gelopen experiment? Een al dan niet gelukte stijloefening? Of een eerbetoon aan een van mijn lievelingsboeken, *Bright Lights, Big City* van Jay McInerney, dat geheel in de tweede persoon enkelvoud is geschreven?

Wat het in ieder geval was: irritant. Althans voor sommige lezers. En dat kan nooit kwaad. Vanuit de leiding van deze krant, zo hoog was het opgelopen, kwam kort na de eerste columns reeds het verzoek om te stoppen met deze vorm. Een paar weken geleden werd een hernieuwd verzoek gedaan, namens de hoofdredacteur.

De aanleiding voor het hernieuwde verzoek was een twitterbericht van Judith Osborn. Voor de mensen die zich afvragen wie Judith Osborn is, dat is niet een hoogleraar Nederlands aan de universiteit. Het is, ja hoe noem je zo iemand? Judith Osborn bezoekt, al dan niet met tv-camera, societyfeestjes. Op 21 maart schreef zij op Twitter het volgende bericht, en ik citeer: 'beste robert vuijsje, stop alsjeblieft met in je column van het parool in de 'je vorm' te schrijven.. ik kan er niet meer tegen!!!;-)'

Voor alle mensen als Judith Osborn, voor wie taal zo belangrijk is: ik had er zelf ook genoeg van. Het is mooi geweest, voortaan schrijven we in de ik-vorm.

In het echt

Het kan gebeuren dat je in situaties terecht-komt waarvan je weet dat ze bestaan, alleen heb je ze nooit meegemaakt. Je weet dat mensen dit soort gesprekken voeren, maar je bent er nooit bij geweest als het plaatsvond.

Een groep vrouwen met wie je hebt samengewerkt, komt een paar keer per jaar bij elkaar. Voor de grap pro-testeer je altijd. Waarom mag ik niet mee? Ik ben een 'vrouwenman'. De grap bestaat eruit dat je helemaal geen 'vrouwenman' bent. Na jarenlang protest mocht je een paar maanden geleden, als eerste man in de geschiedenis, een bijeenkomst bijwonen.

Het was bij een van de vrouwen thuis, op een flat in Buitenveldert. De vrouw had gekookt. De tafel stond vol heerlijk eten en drinken. Het was gezellig, zoals ze dat noemen. Tot zover niets nieuws, dit had je allemaal wel-eens eerder meegemaakt.

Toen was de groep vrouwen compleet. Binnen dertig seconden, alsof het niet anders had gekund, zo vanzelf-sprekend was het, beschreef een van de vrouwen hoe ze recentelijk de liefde had bedreven met een man, een ex-collega die wij allemaal kenden. Hoe groot hij was gescha-pen, en in welke vorm, hoe vaak hij het deed en hoe lang, wat zijn sterke en zwakke punten waren en zo voort en zo verder. Het was van een schokkende gedetailleerdheid. Je hebt weleens een aflevering gezien van *Sex and the City*, dus je weet dat het bestaat. Toch blijft het een vervreemdende ervaring om het in het echt mee te maken.

Nog een voorbeeld. Het was op een scholengemeenschap, toevallig ook in Buitenveldert. De scholengemeenschap was joods, dat betekent tegenwoordig dat er permanent vrij zware bewaking bij de deur moet staan en mensen niet zomaar naar binnen mogen.

Tijdens de lezing die je gaf, over de roman die je hebt geschreven, mochten de leerlingen vragen stellen. Een van de vragen, op dezelfde toon gesteld als alle andere, luidde: 'Wat vind je van Geert Wilders?'

Het is een onderwerp dat vaker wordt besproken, maar altijd vanuit de wetenschap dat alle aanwezigen uiteraard niet op hem stemmen. Deze keer zat er geen waardeoordeel aan de vraag vast. Het was een open vraag, zoals: ga je dit jaar nog op vakantie? Het was niet zo dat de leerlingen, als ze daar oud genoeg voor waren, per se op de PVV zouden stemmen, maar ze verbonden daar niet de automatische afwijzing aan die de meeste mensen, althans in het openbaar, bij dit onderwerp hanteren.

Was het verrassend dat leerlingen die al jarenlang onder zware bewaking hun school moeten betreden deze vraag op een open manier tegemoet traden? Nee. Het zou kunnen dat de PVV de enige partij is die, in hun beleving, een einde kan maken aan de noodtoestand op hun school.

Overigens, voor de oplettende lezers: vorige week schreef ik dat deze column voortaan in de ik-vorm wordt geschreven. Nu ben ik niet iemand die snel van voornemens af stapt, maar uit gewoonte begon ik te schrijven in de tweede persoon enkelvoud. Na afloop dacht ik: waarom moet dit eigenlijk worden veranderd? Soms is een ik-vorm beter en soms ook niet.

Job en ik

Nadat mij door NRC *Handelsblad* tijdens de verkiezingscampagne van 2010 werd verzocht om een week lang Job Cohen te volgen, kon de eerste reactie niet anders zijn dan: mooie typecasting is dat. Wanneer ze iemand zoeken om de enige joodse lijsttrekker te volgen, moet het een collega-jood zijn.

En ze kennen elkaar zeker allemaal? Dat zou vooral moeten gelden voor alle intellectuele joden, wat toch ander volk is dan de geldjoden.

De werkelijkheid was dat Job Cohen en ik elkaar één keer eerder hadden ontmoet. Twee maanden tevoren waren we toevallig allebei te gast in het programma *De Wereld Draait Door*.

Ons meest diepgaande contact ontstond dankzij het bankje. Wanneer de gasten bij DWDD niet aan tafel zitten, wachten ze naast elkaar op een bankje. Toen ik naast Job Cohen plaatsnam, bleek het een vrij wankel bankje te zijn, niet helemaal berekend op mijn indrukwekkende gewicht.

Het bankje helde gevaarlijk naar achteren en Job Cohen en ik keken elkaar aan. We zouden toch niet, met bankje en al, achterover vallen? Een angstige seconde later zaten we weer recht overeind, alsof er niets was gebeurd. Job Cohen had zijn kalmte en waardigheid behouden. Het was zoals een groot staatsman zich gedraagt in een noodsituatie.

Niet dat Job Cohen het ooit op die manier zou formuleren, maar je had het ook als volgt kunnen zien: precies vijfenzestig jaar na de oorlog was dit de eerste keer dat een jood serieuze kans maakte om minister-president te worden van het land met het hoogste percentage collaborateurs van Europa. Ook al was het dan een jood die ervan werd beschuldigd dat hij geen verstand had van geld.

Onze eerste professionele ontmoeting vond plaats in Concertgebouw De Vereeniging te Nijmegen. Voor iemand die, laten we zeggen, niet gek is op verenigingen en clubs en op de, hoe je het ook wendt of keert, kunstmatige behoefte om net te doen of je samen ergens bij hoort – voor zo iemand viel het op het partijcongres nog best mee.

Het waren mensen met wie ik, in theorie, bevriend had kunnen zijn. Ze probeerden nieuwelingen niet krampachtig tot lid te bekeren en het leek zelfs op een soort afspiegeling van de Nederlandse bevolking, waarbij de verschillende groepen ogenschijnlijk ongedwongen met elkaar omgingen, al zochten ook hier, zoals overal, veel minderheden automatisch elkaars gezelschap op.

Die minderheden, daar was iets mee. De kandidatenlijst voor de Tweede Kamer moest op het PvdA-congres worden vastgesteld. De volgorde van zeventig namen was bekend, maar werd hier pas definitief gemaakt. Leden konden, uit de zeventig namen, tegenkandidaten voordragen van wie ze vonden dat die hoger op de lijst moesten. Dat gebeurde in een *Idols*-achtige constructie.

In de meeste gevallen werd het ondersteund door argumenten die samenhingen met het lidmaatschap van een bepaalde minderheidsgroep. Ik betwijfel of ik zou willen horen dat de officiële reden voor mijn notering op de ranglijst was: hij komt uit Zeeland. Of: hij is een homoseksueel en hij woont ook nog in Groningen. Of: zij is een vrouw van Surinaamse afkomst.

Al deze redenen werden, zonder ironie, aangevoerd om een positie op de Tweede Kamerlijst te verantwoorden.

Twee dagen later. Het was even voor elf uur 's ochtends toen Job Cohen en Ronald Plasterk met een gehuurd wit Mercedesbusje van Europcars arriveerden bij de Meester Lugtmeijer School in Apeldoorn. Ze vormden voor deze gelegenheid een duo. Op het programma stond: onderwijs. Later op de dag bezochten ze nog twee middelbare scholen.

De bezoeken kenden een vast patroon. Het begon met een presentatie, al dan niet met powerpoint, door het personeel en daarna was het tijd voor spontane gesprekjes met leerlingen. Plasterk schepte er genoegen in om – net als tijdens de korte bezichtiging van de speeltuin achter de school, waarbij hij direct op de wip ging zitten – in het klaslokaal op een lekker gek klein stoeltje tussen de leerlingen plaats te nemen. De modus operandi van Cohen: voorover gebogen naast een leerling staan en geïnteresseerde vragen stellen. 'Wat ben jij voor moois aan het doen? Rekenen? Dat ziet er ingewikkeld uit. Is het moeilijk?'

In het klaslokaal klonk ineens een harde bel. Het was twaalf uur. Of er nu hoog bezoek was of niet, de leerlingen sprongen op en binnen tien seconden was het lokaal leeg. Cohen en Plasterk bleven achter met de lerares. Dan voerden ze maar met haar een spontaan gesprekje.

Tot de directrice binnenkwam. 'Jullie blijven toch wel voor de lunch?' vroeg ze hoopvol. In de lerarenkamer lagen op een lange tafel felgekleurde papieren bordjes uitgestald, met rood plastic bestek en bruine en witte boterhammen. Ook waren er schalen met kaas en worst en fruit.

De jood en de Marokkaanse kapper

De eerste keer dat je naar binnen ging bij de kapper in het straatje naast de Albert Cuypmarkt, dacht je: hij is Marokkaans, dat is ongeveer hetzelfde deel van de wereld waar mijn voorouders vandaan komen, dan snapt hij vast mijn haar goed.

Vrienden is een groot woord, maar je mag de kapper graag. Verplichte praatjes met een kapper kunnen pijnlijk zijn als te duidelijk wordt dat het geen echt gesprek is, maar een toneelstukje. De gesprekken met deze kapper zijn echt. Ze gaan over Ajax, waar moet het anders over gaan bij de kapper, of over de vraag waarom garnalen niet koosjer zouden zijn maar wel halal, of het gaat over de vraag: waarom is jouw haar iedere keer grijzer? Je vraagt of de kapper alle grijze haren ertussenuit kan knippen en de zwarte haren laten zitten. Hij beweert dat het niet mogelijk is.

En het gaat over de vraag: in hoeverre voelen jullie je nog thuis in Nederland? De kapper en jij zijn allebei in Amsterdam geboren. Zijn ouders komen uit Meknès, jouw moeder uit New York. De kapper is niet zo'n Marokkaan die steeds zegt dat hij naar het land van zijn ouders wil verhuizen. Het is zijn droom om in Nieuw-Zeeland te wonen. Hij is er nooit geweest, maar op plaatjes heeft hij gezien dat het er schoon en groen en onbedorven is.

Meknès is geen bergdorp en de kapper spreekt geen Berbers. Hij spreekt Arabisch. In Marokko, en in Nederland, bestaan mensen die geen Arabisch spreken. Alleen

Berbers. De kapper zal het nooit zo hard formuleren als jij nu doet, maar hij vindt het onbegrijpelijk. In Nederland wil je jezelf toch ook niet in een positie plaatsen waarin je alleen een onverstaanbaar Brabants dialect spreekt en geen ABN?

De kapper en jij weten dat hij Marokkaans is en jij joods, een combinatie die niet altijd goed samen hoeft te gaan, maar daar staan jullie boven. In dit geval gaat het wel goed samen. Jullie zijn slimmer dan de mensen bij wie het niet goed samengaat. Jullie begrijpen elkaar.

In de krant had je een komisch verhaal gelezen. Je dacht dat de kapper het zou waarderen. De laatste jaren heeft Marrakech zich ontwikkeld tot een hippe stad. Je zou het ook trendy kunnen noemen. Een zogeheten *place to be*. Van over de hele wereld komen mensen naar Marrakech. Ze kopen huizen in het centrum van de stad en leiden daar hun hippe en trendy leven.

De oorspronkelijke bewoners van Marrakech zijn daar niet altijd even blij mee. In de krant stond beschreven hoe de Marokkanen spraken over de buitenlanders. Wie waren al die mensen die ineens in hun stad moesten komen wonen? Ze wilden de taal niet leren, ze gingen te weinig met Marokkanen om en ze pasten zich niet aan. In Marokko deden ze de dingen op een bepaalde manier. Als buitenlanders daar wilden komen wonen, hadden ze zich maar aan te passen.

Nadat je het verhaal aan de kapper had verteld, moest je lachen. Je hoefde niet aan hem uit leggen waarom het verhaal zo komisch was: zodra Marokkanen buitenlanders in hun land kregen, reageerden ze op dezelfde manier als Nederlanders deden nadat de Marokkanen hier kwamen. De kapper moest ook lachen. Maar niet om dezelfde reden als jij. Hij zei: 'Dan weten die mensen ook een keer hoe het voelt om een buitenlander te zijn.'

Jij redeneerde als iemand die bij een meerderheid hoort, de kapper dacht als iemand die bij een minderheid hoort.

Huwelijksreis

Het voorstel kwam van een hulporganisatie die Plan Nederland heet. Een boek waarvoor tien schrijvers een verhaal maken over de positie van jonge vrouwen in landen waar jonge vrouwen het moeilijk hebben. Wie was beter gekwalificeerd om zo'n verhaal te schrijven dan jij?

De keuze bestond uit een grote lijst landen in Afrika, Azië en Zuid-Amerika. Een van de landen op de lijst was Brazilië. De laatste keer dat je Brazilië bezocht was vijf jaar eerder, tijdens een huwelijksreis. Tot vijf jaar geleden ging je veel naar Brazilië. De vrouw met wie je op huwelijksreis was, kwam daar oorspronkelijk vandaan. Het zou kunnen dat je oudste zoon tijdens die reis werd verwekt. Dat schijnt te horen bij een huwelijksreis.

De huwelijksreis voerde langs Recife, voor één nacht, en vandaar ging het per vliegtuig naar Fernando de Noronha, een eiland midden in de Atlantische Oceaan. De enige herinnering aan Recife was dat het hotel aan een lange boulevard langs het strand lag. De beste steden, of ze zich nu in Zuid-Amerika bevinden of niet, zijn grote steden met alles erop en eraan, en dan liggen ze ook nog aan het strand, met een boulevard van tien kilometer. Recife is zo'n stad.

Alle vorige keren dat je in Brazilië kwam had je het gevoel dat je erbij hoorde. Omdat jij een Braziliaanse vrouw had was je zelf ook een beetje een Braziliaan. Je sprak zo goed Portugees dat de mensen vroegen of je een Braziliaan was of niet. Al werd die vraag volgens je vrouw alleen gesteld door mensen in de bediening die hoopten dat je zo gevleid raakte dat je ze financieel zou belonen.

Deze keer was je geen Braziliaan meer. In de stad van de huwelijksreis voelde je schaamte dat je vijf jaar later niet meer samen was met de vrouw die je vergezelde op de huwelijksreis. En je vroeg je af hoe je dat later moest uitleggen aan de zoon die je daar verwekte.

Braziliaanse meisjes

Nooit heb ik een wonderlijker kerel gekend dan de man die het als zijn levenswerk zag dat hij meer dan dertig kinderen had verwekt, bij meer dan vijfentwintig moeders en verspreid over heel Brazilië.

Het wonderlijke lag erin dat de man, zijn identiteit zal ik niet onthullen, zo tevreden was over dit wapenfeit. Later ontdekte ik dat het in sommige kringen helemaal niet zo wonderlijk is om daar trots op te zijn. Het is een teken van kracht en mannelijkheid.

In sommige kringen geldt ook: wanneer het over Brazilië gaat, denk je aan meisjes. De man die vertelde dat hij meer dan dertig kinderen had, was zelf een Braziliaan. Zijn land was hij nooit uit geweest, hij kende niets anders.

Ook buiten de landsgrenzen genieten Braziliaanse meisjes grote faam. De achtergronden van die faam zijn niet het onderwerp van dit verhaal. Het gaat over andere kwaliteiten van Braziliaanse meisjes.

Eerst de vraag: heb ik ervaring met Braziliaanse meisjes? Het antwoord luidt: ja. Meer dan tien jaar heb ik verkeerd met een Braziliaans meisje. Beter gezegd: een Braziliaanse vrouw. Toen we elkaar kort voor de millenniumwisseling in Amsterdam ontmoetten, duurde het niet meer dan een paar jaar voordat we allebei dertig zouden worden. We waren klaar voor serieuze verkering.

Zij sprak een paar woorden Engels, ik een paar woorden Portugees. Ik leerde haar Nederlands, zij leerde mij Portugees. In de jaren die volgden bracht ik veel tijd door in

Brazilië. Het laatste bezoek was in december 2005. Inmiddels zijn we gescheiden. Na de huwelijksreis was er geen noodzaak meer geweest om Brazilië te bezoeken. Helaas. Tot zich in de zomer van 2010 de mogelijkheid voordeed om een reis naar Brazilië te maken.

De eerste reactie op deze kans viel misschien het beste te omschrijven als: een Caroline Tensen-achtig gevoel. Het is een gevoel dat te maken heeft met het volgende beeld: een blanke Nederlander die, vergezeld van een entourage en een cameraploeg, tussen een groep arme zwarte kinderen gaat staan om te vertellen hoe erg het allemaal is.

Bij deze reis zou geen sprake zijn van entourages en cameraploegen. Alleen van, ouderwets bijna, een geschreven verhaal over de levens van jonge vrouwen. In Recife.

***

Het verhaal begint in Pontos de Carvalhos, een wijk in het stadje Cabo de Santo Agostinho. Vanuit sommige delen van Cabo de Santo Agostinho is het mogelijk om in de verte Recife te zien. Het ligt op minder dan een uur rijden. De hoge flats in het centrum van Recife vormen een soort doel om naartoe te werken. Ooit, als je goed je best doet, kun je daar terechtkomen: in de moderne grote stad waar het gebeurt. Pontos de Carvalhos wordt in de volksmond Pontezinha genoemd.

Het huis waar Karina vroeger woonde, ligt aan Santa Rosa, de centrale straat. In dat huis woonde ze met haar grootmoeder, haar vader en moeder, twee broers, een zus en drie neefjes. Alleen haar moeder werkte. Als schoonmaakster. Karina is achttien.

Het blijft ingewikkeld om te beschrijven hoe, door Nederlandse ogen bekeken, zo'n huis eruitziet. Het is zelfgebouwd, van bakstenen. De kamers worden niet gescheiden door deuren maar door gordijntjes. In het dak zitten gaten, wat tijdens de regentijd een probleem is. Terwijl de muren van baksteen zijn, ligt op de vloer beton.

Op de grond liggen matrassen. De matrassen, de lakens die daarop liggen en alle andere huisraad – laten we het zo zeggen: ze zijn niet nieuw. Het huis telt drie slaapkamers. De kamer die Karina vroeger deelde met twee broers en een zus is niet groter dan twee bij drie meter.

Door de centrale straat rijden niet veel auto's. Overal hangt was te drogen. Het ruikt er naar vuilnis. Santa Rosa grenst aan een berg die is ingepakt met plastic. De berg is vijftig meter hoog en begroeid met bomen en gras. Ook liggen er veel stenen. De bedoeling is dat het plastic ervoor zorgt dat de berg niet omvalt als het regent.

***

Langs de weg van Pontezinha naar Recife staan veel motels. Motels zijn hotels waar de kamers per uur worden verhuurd. De kamers worden gebruikt om de liefde te bedrijven. Meestal niet door mensen die getrouwd zijn. Tenminste, niet met elkaar.

De mooiste straat van Recife heet Avenida Boa Viagem. Het is een boulevard van zeven kilometer die langs het strand loopt. 's Avonds brengen mensen die geen huis hebben de nacht door op bankjes aan de boulevard. Of in het zand.

In andere landen zijn de werelden van de allerrijksten en de allerarmsten meestal gescheiden. Wanneer ze zich in dezelfde stad bevinden, is dat kilometers van elkaar verwijderd. Hun wegen zullen elkaar zelden kruisen. Zo is het niet in Recife.

Het hek van het appartementengebouw dat Côte d'Azur heet, gaat open nadat de bewaker op een knop heeft gedrukt. De bewakers zitten hier 24 uur per dag. Aan de Avenida Boa Viagem liggen de duurste hotels, restaurants, kantoren en appartementengebouwen.

In de hal staan drie leren banken. De bewaker belt naar boven voordat hij bezoekers de lift laat betreden. In Côte d'Azur beslaat ieder appartement een hele verdieping. De lift stopt op de vijfde etage in een klein halletje, bij de enige voordeur van de verdieping.

Maria Paula is alleen thuis. Tenminste, alleen met de vrouw die ze in Brazilië *domestica* noemen. In België noemen ze het geloof ik poetsvrouw. De domestica woont sinds vijftien jaar bij de familie van Maria Paula in huis, ze kwam kort nadat Maria Paula werd geboren. De domestica heeft een eigen kamer in het appartement. Ze brengt glazen gekoeld water voor het bezoek en verdwijnt.

In het appartement waar Maria Paula en haar moeder wonen, speelt marmer een grote rol. Het ligt op de grond, er zijn meubelstukken van marmer en ook enkele beeldhouwwerken. Maria Paula heeft twee oudere broers. Ze zijn allebei het huis uit.

De broers studeren medicijnen en economie. Als ze klaar is met de middelbare school wil Maria Paula communicatie studeren. Ze wil als journalist bij de televisie werken of iets met marketing doen. Vorig jaar studeerde ze een maand in Cambridge. Maria Paula woonde bij een Engels gezin in huis. Brazilianen zijn open en willen een praatje maken. Ze moest wennen aan hoe de Europeanen zich gedroegen.

***

De weg van Recife naar Olinda is niet lang. Olinda is een badplaats die tegen Recife aan ligt. De attracties bestaan uit een authentiek dorpsplein en het beste carnaval van de wereld – zoals ze dat in iedere stad van Brazilië zeggen.

De toeristen die Olinda bezoeken zijn van het type dat niet wil doen wat iedereen doet. Ze trekken door het land en bezoeken de geheime schatten die in de *Lonely Planet* worden aangeraden.

Onderweg van Recife naar Olinda passeer je veel water. De oceaan, rivieren, beekjes en meren. Op een van die meren, langs de snelweg tussen Recife en Olinda, is de Favela dos Coelhos gebouwd. Het is een systeem dat op het water van Recife op meer plekken wordt gebruikt. De favela bestaat uit zelfgebouwde houten hutjes die op palen in het water staan. Wanneer mensen hun hutjes niet op land bouwen maar op water kan de overheid ze niet tegenhouden.

Op het authentieke plein midden in Olinda werkt Angilica in een *lanchonete.* In Nederland zouden ze het een lunchroom noemen. In de meeste lanchonetes kunnen klanten zelf hun eten opscheppen en wordt de prijs bepaald nadat is gewogen hoeveel voedsel op het bord ligt. Het is simpel eten, zoals je het thuis ook zou maken.

In Olinda komen veel gringo's, vertelt Angilica. Zelf woont ze in het volgende stadje, Rio Dolce. Voor ze naar Rio Dolce kwam, woonde ze nog bij haar moeder, in Ibura, maar daar is iets gebeurd. Angilica wil niet vertellen wat, misschien doet ze het als ze straks meer op haar gemak is.

Voor Ibura woonden ze in Recife, en daarvoor in São Paulo. Dat was waar Angilica opgroeide. Ze is negentien. Toen haar dochter Ana Beatriz werd geboren, was Angilica zeventien. Ze vond het triest dat ze een kind kreeg, omdat ze geen werk had. Het was ook shockerend, ze was te jong. De vader was eenentwintig. Aan abortus wordt in Brazilië niet gedaan.

Angilica's moeder zei: 'Het is te vroeg, nu moet je alles alleen doen.' Met de vader van haar kind is ze niet meer samen. Angilica's ouders scheidden toen ze elf was. De laatste keer dat ze haar vader zag, was in 2007. Hij was dronken en agressief en vroeg om geld voor drank. Voor zover Angilica weet, leeft hij nog. Op straat in Recife.

In de lanchonete werkt ze zes dagen per week, van half-acht tot vijf uur 's middags. Nadat ze Ana Beatriz van de crèche heeft gehaald zijn ze om half negen thuis. Alleen op zondag zijn ze de hele dag samen. Angilica zegt dat ze Ana Beatriz vaak mist, maar ze moet werken om haar dochter een goed leven te kunnen bieden.

Van de lanchonete heeft Angilica twee keer salaris ontvangen. Het is haar eerste echte baan. Hiervoor werkte ze alleen als oppas, voor ongeveer acht euro per dag. Ze had nog nooit zoveel geld bij elkaar gezien. Eerst kreeg ze haar salaris en een maand later kwam weer zo'n groot bedrag binnen. Het was genoeg om haar huisje in te richten. De jongen met wie ze samenwoont, werkt als bakker. Zij verdient meer dan hij. Vorige week hebben ze een tweedehands fornuis gekocht.

***

De inwoners van Brazilië zijn grofweg in te delen in vier klassen. Het begint bij de *popular*-klasse, waaronder het meest volkse deel van de bevolking valt. Daarboven komt de *media*-klasse. De mensen die het in die groep het allerbeste hebben worden *media alto* genoemd. In Amerika zouden ze zeggen: *upper middle class*. De hoogste klasse heet *alto*. Die wordt gevormd door de kleine minderheid die het grootste deel van het geld in Brazilië bezit.

Na de middelbare school kunnen scholieren een examen doen dat *vestibulario* heet. Alleen studenten die voor dat examen slagen mogen naar de universiteit. Het verschil in kwaliteit tussen de openbare en de privéscholen is zo groot dat het beneden de media-alto-klasse bijna niemand lukt om het examen te halen.

***

In Pontezinha hebben de huizen geen deurbel. Bezoekers roepen vanaf de straat de naam van de bewoners. Het nieuwe huis van Karina ligt achter Santa Rosa. Ze woont hier met haar zus, haar broers en haar moeder, die een nieuwe vriend heeft. Haar vader werd agressief als hij gedronken had.

Karina maakt haar huiswerk buiten, op de veranda. Ze zit in het eerste jaar van haar studie. Het is geen universitaire studie, maar een soort religieuze opleiding. Binnen is het te warm om te studeren. Het probleem is dat de buren vaak feestvieren. Dat zorgt voor te veel lawaai om buiten huiswerk te kunnen maken.

Vroeger wilde Karina journalist of psycholoog worden. Als journalist had ze de mensen graag verteld hoe kinderen als zij zouden moeten opgroeien. Als psycholoog had ze graag mensen geholpen die het moeilijk hebben.

Karina is een feministe, zegt ze. Ze vindt het oneerlijk dat haar vader niet hoefde te werken en alleen maar dronken was. En toch had hij recht op het geld dat haar moeder verdiende. Hij mocht het zomaar van haar pakken, om uit te gaan. Alleen omdat hij een man was. Haar moeder bleef afhankelijk van hem, van de kerk mocht ze niets. Een man is thuis de baas.

Vorig jaar, toen ze zeventien was, werkte Karina als oppas bij mensen thuis. Ze deed het een jaar en drie maanden. Ze was er dag en nacht, moest koken en schoonmaken en verdiende 150 real per maand. Dat is ongeveer 75 euro. Volgens Karina werd ze als een slaaf behandeld. Toen het stel voor wie ze werkte twee weken op vakantie ging en de kinderen bij haar wilde achterlaten, nam ze ontslag. Ze kwam terug naar Pontezinha.

Karina wijst naar een boom, buiten op straat. Haar hele leven heeft zich hier afgespeeld, onder deze *goiaba*-boom. Een goiaba is een vrucht, in Nederland noemen ze het guave. Karina is nog nooit buiten Pernambuco geweest, de provincie waarvan Recife de hoofdstad is.

***

Het winkelcentrum achter de Avenida Boa Viagem heet Shopping Recife. Het is een van de grootste winkelcentra in Zuid-Amerika. In Shopping Recife zijn deftige restaurants met witte katoenen servetten, er zijn hippe koffiebars en juweliers en zonnebrillenwinkels. Het ene restaurant serveert sushi, in het andere bereiden ze zes verschillende soorten garnalen. De zonnebrillen zijn van Gucci en Versace.

Wie in Shopping Recife rondloopt, kan niet anders dan concluderen dat het gebouwd is in een van de meest welvarende delen van de wereld. Als ze niet op hun Black-Berry's kijken, rijden de bewakers rond op gemotoriseerde karretjes; de oppervlakte van het winkelcentrum is te groot om te belopen.

En dan. Aan de ene kant van Shopping Recife ligt een parkeerterrein. Porsche, BMW en Mercedes zijn populaire automerken onder de bezoekers. Aan de andere kant, direct naast het winkelcentrum, is een muur gebouwd. Aan de achterzijde van die muur, op niet meer dan een paar meter afstand ervan, begint Entra Apulso.

Entra Apulso is de naam van een favela.

***

Maria Paula loopt naar buiten om het balkon te laten zien. Mensen die op bezoek komen, ervaren het balkon als het hoogtepunt van de rondleiding door het huis. Het is een groot balkon, over de hele lengte van het appartement, en biedt een onvergetelijk uitzicht over de Avenida Boa Viagem en het strand.

Maria Paula gaat nooit naar het strand dat onder het balkon ligt. Met haar moeder reist ze weleens naar hun strandhuis in Serrambi, op een paar uur rijden van Recife. Daar bezoekt ze soms het strand, maar ze ligt liever bij het zwembad dat bij hun strandhuis hoort.

Ze vindt dat het strand bezoeken meer iets is voor de vakantie, niet om thuis te doen. Het strand van Recife is zo gewoon. En er komen mensen uit de hele stad. De meesten zijn nogal volks.

Met haar vader gaat Maria Paula ieder jaar naar Bariloche in Argentinië. De ouders van Maria Paula zijn gescheiden. Haar vader is de eigenaar van Nordeste, een grote verzekeringsmaatschappij. Hij heeft een nieuwe, jongere vrouw. Haar moeder verdient geld met het organiseren van evenementen. Ze heeft nog geen nieuwe relatie. Volgens Maria Paula houden Braziliaanse mannen meer van jonge vrouwen. Als een Braziliaanse man rijk is, hoeft zijn vrouw geen geld te hebben, als ze maar jong is. Dat maakt het niet makkelijk voor haar moeder.

Voor zijn werk reist haar vader veel naar São Paulo, het

economische centrum van Brazilië. Maria Paula vliegt vaak met hem mee. Het liefst in een weekend dat er een evenement is. Een paar weken geleden ging ze op één dag heen en weer voor een concert van Madonna.

Over twee jaar wil ze in São Paulo studeren, net als haar broers. Ze weet nog niet zeker of ze na haar studie naar het buitenland wil, maar als ze in Brazilië blijft, wordt het São Paulo.

Eerst moet ze de middelbare school afmaken. Haar school ligt een paar blokken verderop. Maria Paula zou er in een kwartier heen kunnen lopen, maar dat is te gevaarlijk. Ze wordt gehaald en gebracht door een taxi.

***

Voordat ze zwanger werd, had Angilica dromen. Ze wilde studeren en terug naar São Paulo, waar ze woonde als kind. En ze wilde een keer naar China. Hoe het komt weet ze niet, maar Angilica is altijd nieuwsgierig geweest naar China. Al die mensen lijken zo op elkaar, ze heeft nooit begrepen hoe dat kan.

Angilica heeft nog een droom: een eigen lanchonete. Daar wil ze zelf eten gaan koken. Angilica's inschatting is dat ze 10 000 real nodig heeft om een lanchonete te beginnen. Dat is ongeveer 5000 euro. Ze hoopt dat ze het in tien jaar bij elkaar heeft gespaard.

Op het menu zullen lokale specialiteiten staan, die ze nog moet leren koken. In de lanchonete heeft ze geleerd hoe ze met geld moet omgaan, en met klanten. Angilica heeft het gevoel dat ze de laatste twee maanden volwassener is geworden.

Ze is de oudste van vier kinderen. Angilica had ook een oudere broer, Anderson Luis. Ibura was niet echt een favela, je zou het een volksbuurt kunnen noemen. Haar broer had de verkeerde vrienden, hij wist te veel van de slechte dingen die zij deden.

Toen Anderson Luis een vriendin kreeg en uit het leven van de straat wilde stappen, accepteerden zijn vrienden dat niet. Op een nacht lag hij te slapen met zijn vriendin en haar dochter. Hij werd door het raam doodgeschoten. Anderson Luis was zeventien, Angilica was vijftien. Ze zegt: 'Ik denk dat God vond dat het zijn tijd was.'

***

Of ze nu Angilica heten of Karina, het zijn jonge vrouwen die, in mijn ogen, geen gemakkelijke levens hebben. Mensen met comfortabelere levens zouden bij een tegenslag misschien sneller uit het veld worden geslagen.

Wanneer je broer wordt doodgeschoten of je vader een alcoholist is met wie je nooit contact hebt – in andere delen van de wereld zou het kunnen leiden tot psychiaterbezoek of op zijn minst een zogeheten trauma. Het is niet zo dat Angilica zonder emotie praat, het is alleen een ander soort emotie dan die welke in West-Europa meestal wordt geuit.

De manier waarop Angilica vertelt over de moord op haar broer zou je berustend kunnen noemen, of gelaten. Je zou het ook krachtig kunnen noemen, of levenslustig of optimistisch. Of inspirerend of mooi.

Dat is tenminste hoe een buitenstaander het zou kunnen bekijken. Voor Angilica is er niets bijzonders aan. Ze heeft geen andere keuze.

Tatoeage

Op de avond van mijn dertigste verjaardag was het koud in Oświęcim, net warm genoeg om op een terras te zitten. Het was niet mijn gewoonte om een verjaardag, en zeker niet de dertigste, bijna alleen op een koud terras door te brengen, maar hier was haast geboden.

In Oświęcim, beter bekend onder de naam Auschwitz, was zojuist een discotheek geopend op een locatie die grensde aan het oude kampterrein. Het was in een gebouw dat tijdens de oorlog deel uitmaakte van het plaatselijke concentratiekamp. Nu zat in datzelfde gebouw, waar verder niets aan was veranderd, een disco. Het was de bedoeling dat ik daar een verhaal over schreef.

De jongeren in Oświęcim waren verbaasd dat buitenlanders hun stad altijd in verband brachten met uitgemoorde joden. Zij hadden geleerd dat niet-joodse Polen minstens zo hard waren getroffen door de Duitsers. En in Polen woonden toch helemaal geen joden? Nu niet meer nee, probeerde ik ze uit te leggen, maar ze begrepen het niet.

Van alle familieleden was ome Nathan, een broer van mijn opa, de enige die terugkwam. Hij speelde trompet en mocht in het orkest spelen om het kamppersoneel te vermaken. Iedere keer dat ik hem zag, deed hij zijn mouw omhoog om het nummer te laten zien dat ze in Auschwitz op zijn arm hadden getatoeëerd.

Op familieverjaardagen werd door de mensen die daar

oud genoeg voor waren nooit over iets anders gesproken dan over de oorlog. Het was een zo allesoverheersende ervaring dat het vanzelfsprekend het enige gespreksonderwerp kon zijn.

Wat in Auschwitz de meeste indruk maakte: de wetenschap dat de omgeving die ik daar zag – het treinspoor dat midden op het kampterrein eindigde, de barakken en de gaskamers – bijna zestig jaar eerder ook was gezien door ome Nathan en de familieleden die niet waren teruggekomen. Het was niet zo dat de familieleden per se kwaad spraken over mensen die uit Duitsland kwamen, maar toch, en je kunt niet precies omschrijven wat het is: het doet iets met je.

Tien jaar later. Ik ben bijna veertig en ontvang een uitnodiging om een lezing te geven op de Johann Wolfgang Goethe Universität in Frankfurt. Mijn uitgever gaat mee om gesprekken te voeren met Duitse uitgevers over een vertaling van mijn boek. Duitse uitgevers blijken allemaal in Frankfurt te zitten.

De Duitsers op de Goethe Universiteit waren een paar jaar ouder dan ik, niet oud genoeg om de oorlog te hebben meegemaakt. Het is een bekend verhaal. Moderne Duitsers zijn zo sympathiek en voorkomend en beschaafd. Ze wonen in zo'n prettig en schoon en welvarend land. Zo goed georganiseerd ook. In dit geval waren ze bovendien zo geïnteresseerd in wat ik te vertellen had tijdens de lezing waar ze met zoveel mensen naar kwamen luisteren, terwijl het boek nog niet eens in het Duits was vertaald.

In de trein uit Duitsland terug naar Nederland kun je denken: behalve ome Nathan kwam niemand van de familie terug met de trein, zij hadden allemaal een enkele reis. Maar je denkt ook: zou het niet beter zijn om hier niet langer de hele tijd mee bezig te zijn? Alleen luidt de vraag: vind ik dat nu omdat die Duitsers zo aardig waren en mijn boek willen uitgeven, of had ik het anders ook gedacht?

Shailes

Zijn kleine broertje was de stoerste jongen van
de middelbare school. Niet dat het zo moeilijk was om de stoerste jongen te worden op een gymnasium vol kinderen van gevoelige intellectuelen – maar
toch. Shailes was een jaar ouder en niet een jongen die je
op het gymnasium zou tegenkomen. Zijn stoerheid was
vele malen groter dan die van zijn kleine broertje, zoveel
was duidelijk.

Shailes deed dingen die zo spannend waren dat wij,
broekies van een jaar jonger, niet eens precies wisten wat
ze inhielden. Het zou kunnen dat het ging om activiteiten die te maken hadden met meisjes of uitgaan, en andere geheime zaken die zich afspeelden in een wereld die
voor ons gesloten bleef. Het enige dat we zeker wisten: wij
mochten niet mee. Hoe vaak zijn kleine broertje ook riep:
come on now.

Op de crematie van Shailes op de Nieuwe Ooster waren
alle stoere jongens aanwezig die in de jaren tachtig op-
groeiden in het centrum van Amsterdam. Zo veel mensen kwamen afscheid van hem nemen, misschien wel
vijfhonderd, dat de zaal te klein was. Honderden mensen
moesten de plechtigheid in een andere ruimte volgen op
een beeldscherm. Van de spelers uit ons voetbalteam van
twintig jaar geleden, dat vijftien jaar geleden in die samenstelling ophield te bestaan, was bijna iedereen aanwezig.

Toen hij een paar weken geleden overleed, was Shailes veertig jaar. De stoere jongens waren inmiddels allemaal rond de veertig. Op die leeftijd wordt het een andere stoerheid dan wanneer je zeventien bent, maar stoer bleven ze. Op de crematie, die in sommige gevallen ook een soort reünie was, werden veel mannelijke omhelzingen, schouderkloppen en *handshakes* uitgewisseld.

Shailes werd geboren in Meerzorg, aan de overkant van de rivier in Paramaribo. Toen hij vier was, nog voor de Onafhankelijkheid, verhuisden zijn ouders naar Nederland. Niet naar Den Haag, de regentenstad waar de meeste Hindoestaanse Surinamers heen gingen, maar naar het centrum van Amsterdam.

Het was een gezin met tien kinderen. In de overlijdensadvertentie was te zien dat de oudere kinderen vaak nog een partner hadden met een Hindoestaanse naam. De jongere broers groeiden grotendeels op in Nederland en hadden Nederlandse vrouwen en kinderen met internationale namen. Behalve Shailes. Hij moest altijd anders zijn. Hij was het een na jongste kind en zijn vrouw heet Reshma. Ze kwam uit Suriname naar Nederland.

De bezoekers van de crematie – hindoes worden niet begraven maar gecremeerd – waren van Hindoestaans-Surinaamse afkomst, of creools-Surinaams of Marokkaans of Hollands of een combinatie of variant op een van die afkomsten. Het telde niet. In de wereld van Shailes en de stoere mannen die nu rond de veertig waren, werd niet gekeken naar waar iemand vandaan kwam. Ze kwamen allemaal uit het centrum van Amsterdam.

De kist was open. Door zijn ziekbed was Shailes sterk vermagerd. Hij was al een magere atleet, en de beste voetballer van ons allemaal, maar nu was hij een schim geworden van de levendige persoon die hij vroeger was.

De toespraken leken op elkaar. We kenden hem al-

lemaal als dezelfde persoon. Als hij een kamer binnenkwam, wist je: nu gaat er iets gebeuren. We dachten aan
Shailes, we misten hem en we hoopten en wisten dat het
goed zou komen met zijn vrouw en hun drie kinderen
Ashwin, Jayson en Jaimy.

De reverse cowgirl

Ze zaten met z'n tweeën aan tafel. Het ging over vrouwen. De vrouwen die zich op dat moment bevonden in Kam Yin op het Bijlmerplein.

Dino en Rio waren neven. Twintig jaar geleden werden ze een paar weken na elkaar geboren. Dino was niet Italiaans en Rio kwam niet uit Brazilië. Hun moeders waren Surinaams. Ze vonden het een goed idee om de namen van hun zoons op elkaar af te stemmen.

Dino kon over niets anders praten dan de *reverse cowgirl*. Wat hij het mooiste vond aan de reverse cowgirl: het was iets wat hij al jarenlang deed, alleen had hij nu pas ontdekt dat het een activiteit was die een speciale naam droeg.

Rio vroeg wat het dan was, de reverse cowgirl.

'Dat zij bovenop je zit.' Dino ging het als een docent duidelijk maken, met behulp van handgebaren. 'Maar dan met haar rug naar je toe, je weet toch. Dat je die bil zo voor je hebt.' Dino legde uit dat de reguliere cowgirl eruit bestond dat zij bovenop je zit met haar gezicht naar je toe, dat je die bobbies zo voor je hebt.

Rio snapte het.

Volgens Dino verschilde het per individueel geval, het was afhankelijk van de lichaamsbouw van de vrouw welke variant van de cowgirl te prefereren viel. Als haar meest spectaculaire lichaamsdeel zich aan de achterkant bevond, moest je de reverse cowgirl doen. En wanneer de voorkant groter en ronder was, koos je de gewone cowgirl.

In theorie zouden vrouwen aan beide kanten evenredig bedeeld kunnen zijn, maar daar bestonden er niet veel van.

Dino zat met nog een vraagstuk: 'Waarom mag je niet doorpraten terwijl je aan het ballen bent?' Het zou kunnen dat je net over iets in gesprek was – hoe het ging op het werk, of de boodschappen die morgen gedaan moeten worden.

Waarom zou je dat gesprek niet kunnen voortzetten? Hij probeerde het weleens uit, maar dan zeiden vrouwen altijd dat hij zijn mond moest houden. Dino wilde niet naar dat gehijg luisteren, hij was meer een man van de conversatie.

Rio zei dat hij ook meer een man van de conversatie was.

***

Ze zaten met z'n zessen aan tafel. Het ging over vakanties. Zogenaamd. Welke vakantie was beter: Zuid-Frankrijk of een huis met zwembad huren in Toscane?

Eigenlijk ging het over seks. Of zoals Koran het noemde: erotiek beleven. Koran had blond haar, zijn ouders kwamen uit Enkhuizen. Toen Koran in 1970 werd geboren moesten zijn ouders origineel zijn. Eerst wilden ze hem Johan noemen, maar dat vonden ze te simpel, net als de andere opties: Klaas of Remco. Zijn ouders gooiden wat letters door elkaar en bedachten de naam Koran. Ze spraken het uit als Johan, alleen was het net anders. Veertig jaar later was Koran zijn ouders dankbaar voor hun creativiteit.

Frank heette gewoon Frank, naar Franciscus, net als zijn vader. Frank had de gewoonte om over iets anders te praten, maar dan ging het in werkelijkheid over seks. Dat vond hij opwindend. Frank vertelde een lang verhaal over zijn tuin die winterklaar moest worden gemaakt. Als hij bij het gedeelte was gekomen over tuinstoelen die naar de schuur moesten worden gebracht, begon hij te lachen op een manier die ze schalks noemen. Iedereen wist: met tuinstoelen die naar de schuur moeten worden gebracht, bedoelde Frank heel iets anders.

Verder zaten Max en Lydia aan tafel. Max en Lydia waren collega's, ze dineerden bijna iedere week in Le Garage, het op de Franse keuken georiënteerde restaurant aan de Ruysdaelstraat. De Ruysdaelstraat lag op negen kilometer afstand van het Bijlmerplein. In de auto was het niet meer dan een kwartier rijden van het ene deel van Amsterdam naar het andere.

Bianca en Stephanie droegen mantelpakjes. Dat van Bianca was donkerblauw, het pakje van Stephanie had als kleur: crème. Bianca en Stephanie hadden de gewoonte om niet veel te zeggen. Tenminste niet tegen de rest van het gezelschap. Liever praatten Bianca en Stephanie met elkaar.

Toen ging het over iPads. Drie mensen aan tafel bogen zich voorover om iets uit hun tas te pakken. Met grote zorg haalden ze een iPad uit de hoes die eromheen zat. De hoofdgerechten waren nog niet geserveerd.

Max, Frank en Bianca legden hun iPads op tafel. Stephanie en Koran pakten hun telefoons. Lydia had geen iPad en haar telefoon had ze op kantoor laten liggen. Ze wist even niet wat ze moest doen.

***

Dino en Rio zaten in Kam Yin aan een tafel langs de muur. Rio met zijn gezicht naar het restaurant, Dino zat met zijn rug naar de andere mensen.

Buiten boven de ingang hing een bord waarop stond: Surinaams-Chinees restaurant Kam Yin, met een plaatje van de Surinaamse vlag en wat Chinese letters. Bij de deur hing een foto van aan het spit hangende eenden en kippen en worsten. Naast Kam Yin zat aan de ene kant een Turkse supermarkt genaamd Çelik Market, aan de andere zat een Nederlandse supermarkt die Albert Heijn heette. Naast Çelik Market was Afro Beauty Plaza, waar vrouwen nieuw haar konden kopen.

Op tafel lagen papieren placemats met een Chinese af-beelding, en een ijzeren houder met een pepervaatje, een zoutvaatje, een flesje Maggi en een potje sambal. Het ijzeren bestek lag in gevouwen papieren servetten op tafel. Links achter in de hoek stond een grote koelkast van Coca Cola met frisdrank erin.

Aan het systeemplafond hingen ventilators en aan de muur waar Rio tegenaan zat, hingen spiegels, net als achter de donkerbruine houten bar. Naast de bar, bij de in-gang, stond een glazen vitrine waarin eten lag uitgestald. Voor de vitrine stonden mensen te wachten op hun af-haaleten. Ook stonden daar een paar lege winkelwagen-tjes waarvan niet duidelijk was wat ze daar deden.

Rio wilde een saotosoep. Dino ook, maar dan met een ei. Daarna namen ze allebei bami met moksi meti.

***

Koran, Frank, Max, Bianca, Stephanie en Lydia zaten rechts achter in de eetzaal bij Le Garage, in het hoekje.

Wanneer je het restaurant betrad, hingen links in het

gangetje bij de voordeur foto's van de gewezen eigenaar met Mick Jagger, Ramses Shaffy, Goldie Hawn en andere coryfeeën die ooit zijn zaak hadden bezocht.

Als je het gangetje uitkwam, hing links aan de muur weer een groot ingelijst portret van de gewezen eigenaar, naast een glazen prijzenkast vol culinaire trofeeën. Rechts naast de deur stond een stellage met daarin ronddraaiende kippen die hier 'Kip van het spit' werden genoemd. Op het menu werden de kippen van het spit omschreven als: 'bros en sappig, de ultieme bereiding met dragon-roomsaus, Escoffier draait zich om in zijn graf, zo top!'

Tegenover de prijzenkast begon de bar. Die was gemaakt van donkerbruin hout, met een gouden rand. Op de bar stond een koeler met zes flessen champagne. Aan het begin van de avond stonden bij wijze van aperitief ook diverse vleeswaren en augurken en brood op de bar. Achter de bar bevond zich een kast met spiegels en flessen sterkedrank, ernaast was de open keuken.

De eetzaal was gebouwd in een U-vorm, met langs de wanden rode banken. Alle muren bestonden uit spiegels. Op de tafels lagen witte lakens. Het personeel droeg zwart met witte kostuums.

Aan de tafel rechts achterin nam Frank het woord. Hij vroeg zich af waar het eten bleef. Deze keer was het geen metafoor voor een seksuele handeling. Frank had honger, hij vroeg zich echt af waar het eten bleef.

***

Dino keek in de spiegel die achter de tafel hing. Hij vond de moksi meti niet goed. Die Chinezen hadden er zoveel vlees bij gedaan dat hij het niet op kreeg. En waarom zat er nooit groente bij moksi meti? Niet dat hij veel groente had willen eten, maar gewoon een beetje – zelfs dat kreeg je niet.

Toen zag hij het. In de spiegel. Aan de tafel links achter hem zat Jennifer. 'Wat is dat, Rio?' vroeg Dino. 'Zeg je niet tegen me dat Jennifer daar zit? Je zit met je gezicht naar de mensen, jij moet mijn verrekijker zijn.'

Rio beweerde dat hij het niet had gezien.

Dino pakte zijn BlackBerry en pingde naar Jennifer:

he sexy

Het duurde een minuut voordat ze terugpingde:

wat is hier

Dino stuurde:

zie je me niet
ik zit naast je

Dino zag in de spiegel hoe Jennifer eerst naar haar Black-Berry keek en daarna om zich heen, tot ze hem in de spiegel zag, en toen weer naar haar telefoon. Ze pingde:

whahahaha ow ja ik zie je

Dino zei tegen Rio: 'Let op wat ik nu ga doen.'

Hij pingde naar Jennifer:

ik ga naar de wc
follow me

Dino stond op en liep langs Jennifer en haar vriendin naar de hoek achterin het restaurant, bij de Coca Cola-koelkast. Hij passeerde de deur waarop een grijs bordje hing met het woord: keuken. De deur was open. Dino zag een keuken vol kokende Chinezen.

Hij zei zachtjes: 'Chinezen.' Waarom moesten winkels altijd van Chinezen zijn of Javanen of Hindoestanen en nooit van mensen die hetzelfde waren als de klanten?

Naast de keukendeur was een gangetje. Aan de linkerkant was de heren-wc, rechts de dames-wc. Dino wachtte.

Toen Jennifer het gangetje in liep, trok hij haar de heren-wc in. Dino deed de deur op slot en probeerde direct Jennifers broek naar beneden te trekken, maar ze riep: 'Hou op hoor.'

Dino vroeg: 'O ja, je komt met me de wc in, maar ik moet niet denken dat ik je mag ballen?'

Jennifer wist niet wat ze moest zeggen.

'Je kent reverse cowgirl toch?' vroeg Dino. 'Denk je dat het hier lukt?'

Dino deed de wc-bril en de klep naar beneden, en zijn broek en onderbroek ook. Hij ging bovenop de wc zitten en probeerde Jennifer zijn kant op te trekken, met haar rug naar hem toe. Volgens de analyse van Dino was Jennifer typisch een vrouw voor de reverse cowgirl en niet de andere kant op.

'Ben je gek of zo?' Jennifer praatte hard. Buiten in het gangetje konden ze het vast horen. 'Wat denk je nou?'

Dino wist niet wat hij dacht. Hij wist wel wat hij wilde.

'Oké,' zei hij. En nog een keer: 'Oké.' Dino vroeg: 'Mag ik je bil dan even voelen? Ik zal verder niks doen.'

'Met mijn broek aan ja,' zei Jennifer. 'Zo mag je hem voelen.' Ze ging met haar rug naar hem toe staan.

'Ben je serieus?' vroeg Dino. 'Hoe vaak ben ik al met je

geweest? Waarom niet nog een keer?'

Jennifer draaide zich om en zei: 'Omdat we op de plee van de fokking Kam Yin zitten?'

Ze draaide zich weer om, deed de deur open en liep weg. Dino zat op de wc-klep. Hij keek omlaag, naar de broek die op zijn enkels hing en zei: 'Fok deze shit.'

***

Frank keek in de spiegel die achter de tafel hing. Hij zat op de hoek. Naast hem, in het midden, zat Koran en op de andere hoek Bianca. Frank had naast Bianca willen zitten, maar voordat hij het kon tegenhouden zat Koran in het midden en waren alle andere plaatsen bezet. Bianca en Frank hadden hun iPads nog voor zich liggen. Via Facebook stuurde Frank een bericht:

Dag Bianca. Beetje saai vanavond, vind je ook niet?

Lydia vertelde over haar relatie. Die was zojuist verbroken. Gideon had gisteren verteld dat hij niet verder wilde. Het was een ingewikkeld verhaal, hij had geen nieuwe vriendin, maar misschien toch weer wel, dat wist hij niet zeker, en het was een zware periode, ook met zijn werk, hij kon het allemaal even niet meer aan, Gideon had wat lucht nodig.

'Het is moeilijk.' Lydia moest bijna huilen. 'Ik moet het nog een plekje geven.'

'Wat bedoelen mensen daar toch mee?' vroeg Frank. 'Een plekje geven? Ik heb gezocht waar dat plekje bij mij zit, ik kan het nooit vinden.'

Frank wilde zijn beloning incasseren, maar toen hij rondkeek, ontving hij geen lach. Hij zag vier boze gezichten. En een gezicht waar inmiddels tranen op zaten.

'Wat bedoel jij daarmee?' Lydia praatte langzaam. 'Je snapt toch wat ik bedoel? Ik moet het een plekje geven.'

'Ja maar waar zit dat plekje dan?' vroeg Frank. 'Zit het ergens in je lichaam? Ik snap het niet.'

Hij keek op zijn iPad. Bianca had geantwoord:

Wat is er mis met jou?

'Nee,' zei Lydia. 'Het zit niet in je lichaam. Weet je het echt niet?'

Frank wist: ik kan niet meer terug. Hij zat gevangen in een gesprek waarin de locatie van het plekje moest worden besproken. Hij keek in de spiegel naar Bianca. Ze keek in de spiegel terug naar Frank. Hij stuurde via Facebook:

Neuken?

Frank stond op, tikte Bianca op haar schouder en liep weg.

Een klein trapje af, schuin tegenover de bar, waren twee zwarte deuren naast elkaar. Op de ene stond een rode letter H. Op de andere: D. Frank liep naar binnen bij D en hoopte maar dat Bianca de eerste vrouw was die de deur open zou doen.

Hij had geluk. Het was Bianca, ze trok hem een toilet in en duwde Frank naar beneden. Hij moest op de wc zitten.

'Je kan de pot op,' zei ze. Die uitdrukking kende hij niet. Frank wist niet of hij het smakelijk moest vinden.

Bianca trok haar rok uit, de rest bleef aan. Frank maakte zijn broek open.

'Waarom deed je zo lullig tegen Lydia?' vroeg Bianca. Ze duwde Frank met zijn rug tegen de muur, hij moest zo veel mogelijk onderuit zitten.

'Als iemand een ervaring in een rugzakje meeneemt,' zei Bianca. 'Dan vraag je toch ook niet waar dat rugzakje is?'

Frank zag hoe Bianca zich met haar rug naar hem toe draaide, met beide handen hield ze zichzelf in balans tegen de muur en ze zakte naar beneden.

'Of je hebt een emmertje dat vol zit?' vroeg Bianca. 'Dat is toch ook niet een echt emmertje?'

'Hoe noem je dit eigenlijk?' vroeg Frank. 'Is dit wat ze bedoelen als je zegt dat je bij iemand op schoot wilt zitten?'

Bianca wist niet hoe je het noemde. Ze vroeg hoe Frank het eten vond.

Hij had een biefstuk genomen, dat noemden ze hier 'Lady Steak'. Frank twijfelde nog omdat hij het niet macho vond klinken, maar hij had het toch besteld.

Bianca gebruikte haar handen tegen de muur om omhoog en omlaag te kunnen bewegen. 'Maar was het goed doorbakken?' vroeg ze.

Frank was tevreden over de doorbakkenheid van de biefstuk.

Dat vond Bianca goed om te horen.

Afscheid

In het wokrestaurant aan het Bos en Lommer-plein zaten bijna geen Hollanders. En dat kwam niet alleen doordat het restaurant was gelegen aan het Bos en Lommerplein. Wokrestaurants oefenen een onweer-staanbare aantrekkingskracht uit op de mensen die ze al-lochtonen noemen.

Aan onze tafel zaten Brazilianen. Het is lastig om ze tellen, maar in Amsterdam wonen misschien wel vele tienduizenden Brazilianen. Ze doen het soort werk waar-voor ooit gastarbeiders naar Nederland werden gehaald. Het type werk dat mensen met Nederlandse paspoorten en verblijfsvergunningen meestal niet willen doen. En waarvoor hun opdrachtgevers geen belasting willen af-dragen.

Na vier jaar ging de broer van mijn ex-vrouw terug naar Brazilië. Hij had genoeg geld bij elkaar gespaard om in zijn land een huis te kopen, voorlopig kon hij financi-eel even voort. De keuze tussen wonen in Nederland of in Brazilië was niet moeilijk.

De broer van mijn ex-vrouw en ik kennen elkaar meer dan tien jaar. Hij leidde mij rond als ik naar Brazilië kwam en ik liet hem Amsterdam zien toen hij hier kwam wonen. Voorafgaand aan mijn huwelijk in Brazilië orga-niseerde hij het vrijgezellenfeest. Wegens privacyrede-nen kan ik geen details vermelden, maar het was voor alle aanwezigen een evenement dat ze zich tot op hun sterf-bed zullen herinneren.

Het was een vreemde en nare gedachte. Misschien zouden we elkaar voor de rest van ons leven nooit meer zien. We deelden lief en leed, zoals dat heet, maar onze wegen gingen nu uit elkaar. Onze levens zouden zich afspelen in verschillende delen van de wereld.

We omhelsden elkaar, op de onhandige manier zoals mannen dat doen, en hij vertelde dat ik ondanks de scheiding altijd welkom was in zijn huis, maar we wisten allebei dat ik niet veel reden had om zijn stad ooit nog te bezoeken.

Om ons heen schepten mensen voor de zoveelste keer op van het zogeheten 'Onbeperkt Wokbuffet' en de 'Wok-a-Soep-Formule', bijna niemand zou het restaurant verlaten zonder misselijk te zijn van de uitbundige en gulzige porties, en wij gaven elkaar nog maar eens een hand. Dit is het risico van diepe vriendschappen sluiten met mensen die oorspronkelijk ergens anders vandaan komen.

De Nederlandse 50 Cent verscheen eerder in *Nieuwe Revu*

In de leeuwenkuil (Een moderne Bijbelvertelling) verscheen eerder in het boek *De Karavaan*

Carice en jij verscheen eerder in LINDA.

Een lezing in het Joods Historisch Museum was een lezing die op 15 februari 2011 werd uitgesproken in het Joods Historisch Museum te Amsterdam

King Ray verscheen eerder in *Wah Wah*

Bret en ik verscheen eerder in *HP/De Tijd*

Een reis naar Suriname verscheen eerder in *Het Parool*

De gezellige dictator verscheen eerder in *Nieuwe Revu*

De pornovakantie verscheen eerder in *Nieuwe Revu*

Een lezing aan de Universiteit van Amsterdam was een lezing die op 26 april 2010 werd uitgesproken in de aula van de Universiteit van Amsterdam en gepubliceerd in *de Volkskrant*

Job en ik verscheen eerder in NRC *Handelsblad*

Braziliaanse meisjes verscheen eerder in het boek *Wereldmeiden*

De reverse cowgirl verscheen eerder in *Playboy*

Inhoudsopgave

Bestseller 5

Mossels 7

De Nederlandse 50 Cent 10

De multiculturele samenleving (2) 18

Boom hair 20

In de leeuwenkuil (Een moderne Bijbelvertelling) 22

Glamour 34

Eén ding 37

Je weet toch 39

Carice en jij 41

Platgespeeld 47

Een lezing in het Joods Historisch Museum 50

Vijf weken 56

Damage control 58

King Ray 61

RTL Boulevard belt 71

Gran Café 73

Bret en ik 77

Curasoa 86

Wenen 88

Een reis naar Suriname 90

Complot 95

Moncler 98

Buitenwijk 101

De gezellige dictator 103

De Reverend 108

Een avond in Paramaribo 111

Een nacht in Paramaribo 114

De pornovakantie 117

Boekenbal 129

Mysterie 131

Buffie the Body 133

Ik heb al vrienden 137

Een lezing aan de Universiteit van Amsterdam 139

CC's Blues Club 144

Je 148

In het echt 150

Job en ik 152

De jood en de Marokkaanse kapper 155

Huwelijksreis 158

Braziliaanse meisjes 160

Tatoeage 171

Shailes 174

De reverse cowgirl 177

Afscheid 187

Uitgeverij Nijgh & Van Ditmar stelt alles in het werk om op milieu-vriendelijke en duurzame wijze met natuurlijke bronnen om te gaan. Bij de productie van dit boek is gebruikgemaakt van papier dat het keurmerk van de Forest Stewardship Council (FSC) mag dragen. Bij dit papier is het zeker dat de productie niet tot bosvernietiging heeft geleid.

© **Mixed Sources**

Productgroep uit goed beheerde bossen, gecontroleerde bronnen en gerecycled materiaal.
www.fsc.org Cert no. CU-COC-802528
© 1996 Forest Stewardship Council

FSC